# 做不缺席的父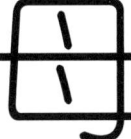母

深度陪伴，
让孩子成为更好的自己

文祺————著

台海出版社

图书在版编目(CIP)数据

做不缺席的父母：深度陪伴，让孩子成为更好的自己 / 文祺著. -- 北京：台海出版社，2024.8.
ISBN 978-7-5168-3893-8

Ⅰ.G78

中国国家版本馆CIP数据核字第2024L4W985号

# 做不缺席的父母——深度陪伴，让孩子成为更好的自己

著　　者：文祺
出 版 人：薛　原　　　　　　　封面设计：尧丽设计
责任编辑：曹任云

出版发行：台海出版社
地　　址：北京市东城区景山东街20号　邮政编码：100009
电　　话：010-64041652（发行，邮购）
传　　真：010-84045799（总编室）
网　　址：www.taimeng.org.cn/thcbs/default.htm
E-mail：thcbs@126.com

经　　销：全国各地新华书店
印　　刷：永清县晔盛亚胶印有限公司

本书如有破损、缺页、装订错误，请与本社联系调换

开　　本：710毫米×1000毫米　　1/16
字　　数：188千字　　　　　　　印　　张：13
版　　次：2024年8月第1版　　　 印　　次：2024年8月第1次印刷
书　　号：ISBN 978-7-5168-3893-8
定　　价：59.80元

**版权所有　翻印必究**

# 前言

父母能够给予孩子最好的东西是什么？是富足的生活？优质的教育？数额巨大的财产？不，是高质量的陪伴。

一个孩子未来会成长为什么样子，并不是一早就写在基因里的。在孩子的成长过程中，父母扮演了极其重要的角色，他们的所作所为，直接影响着孩子未来的性格养成和观念塑造。因此，可以说，一个孩子未来的成功，往往有着父母一半的"军功章"；同样的，一个孩子未来的失败，也通常都有着父母无法推卸的责任。

养育孩子从来不是一件简单的事情，在为人父母这个领域中，其实存在着很多的"外行"，他们也许懂得如何去满足孩子的物质需求，却不知道该如何满足孩子在成长过程中的精神需求和情感需求。

本书正是基于此而产生的，笔者希望通过科学、合理的讲解与建议，让为人父母这个领域中的新手们，都能学会如何解决在育儿过程中遇到的种种难题，懂得该如何给予孩子最高质量的陪伴，让孩子在心灵的富足和人格的健全中健康成长。看到这里，或许有人会说："不就是陪伴吗？这有什么好学的？我时时刻刻都在陪伴孩子成长，每天都对他嘘寒问暖，给他洗衣做饭……"

如果你真的这样想，那么我必须郑重地告诉你：孩子需要的，是父母的陪伴，而不是保姆的陪伴。

在有的家庭中，父母因为各种各样的事情，缺席了孩子的成长，导致亲子之间形同陌路；而在有的家庭中，父母同样忙碌于各自的事业，不能时时刻刻陪伴在孩子身边，但亲子之间却依然能够建立起亲密且相互理解的和谐关系。

在有的家庭中，父母见证着孩子每一刻的成长与蜕变，亲子之间感情深厚；而在有的家庭中，父母虽然为陪伴孩子成长不惜放弃事业上的拼搏，却反而给孩子造成了沉重的心理负担，彼此之间的关系也变得越发疏远和紧张。

可见，父母对孩子的陪伴，时间长短并不是最重要的。长时间的陪伴固然有其优势，但这并不意味着，父母陪伴孩子的时间越长，对孩子的成长就越有益。同样，短时间的陪伴相对来说必然存在劣势，但也并不意味着，因为无法拥有更多陪伴孩子的时间，父母就一定会和孩子渐行渐远。我们知道，做任何事情，除了时间的投入之外，方法同样也是非常重要的。陪伴其实也是如此，如果父母能够懂得科学、合理地给予孩子高质量的陪伴，那么哪怕无法"朝夕相对"，父母也能够成为孩子心灵的寄托，满足孩子的精神需求与情感需求。而这，也正是本书所希望达到的目的。

深度陪伴孩子，是父母应该有的觉悟。而如何实现高质量的深度陪伴，则是本书致力于告诉每对父母的事情。

# Contents

### 第❶章　孩子放弃优势生长，是你欠他太多高质量的陪伴素养

3　/ 有时你的"陪伴"，反而成为孩子的负担

8　/ 请千万注意你对生活的态度

13　/ 小心你的失礼行为，成为孩子生命的污点

17　/ 硝烟四起的家庭，是孩子最糟糕的命运

### 第❷章　那些从小被迫孤独的孩子，长大以后往往都人格有失

25　/ 在孤独的深渊，你的孩子在无声呐喊

29　/ 父母的缺席，可能会让孩子步入歧途

34　/ 在挣钱和孩子之间，你到底更在意哪个

39　/ 孩子真心需要的，可不只是妈妈

44　/ 所谓陪伴，指的不是你陪孩子多少时间

## 第 3 章　有质感的深度陪伴，从正向欣赏孩子开始

51 / 孩子的性格，本就各不相同

57 / 孩子虽然小，也是需要尊严的

62 / 多一点夸奖，孩子自己天天向上

67 / 请用放大镜去看待孩子的优点

72 / 孩子希望你接纳他的"不够好"

76 / 即便孩子不如你意，也不要对他百般挑剔

80 / 抛弃偏见，孩子隐藏的天赋可能令你惊叹

## 第 4 章　做孩子的情绪舵手，理解孩子行为背后的感受和需求

87 / 倾听，是对孩子情绪最直接的尊重

92 / 孩子的每一个举动，都有相应的心理诉求

97 / 别让负面情感体验，毁掉孩子的童年

102 / 不管心情多差，也不要迁怒于孩子

106 / 当孩子遭受委屈，你要做他最坚强的后盾

110 / 引导孩子学会自己驾驭不良情绪

115 / 无论如何，别让孩子自己看不起自己

## 第 5 章　陪孩子一起科学玩耍，让孩子在亲子体验中愉快长大

123 / 只学习不玩耍，聪明的孩子也变"傻"

127 / 放下你的手机，别让孩子独自玩耍

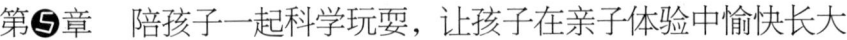

131 / 父母科学陪玩，孩子的成绩就不会差

135 / 让你的教养，既庄重又有趣味性

138 / 通过团队游戏，帮孩子建立协作意识

## 第❻章　从陪伴学习到学习陪伴，构造孩子自主学习的格局观

145 / 所谓学习力，就是有学习的动力

149 / 天才儿童，都是从脑培养开始的

152 / 该减压时要减压，别把孩子累厌学了

156 / 帮助孩子将学习流程科学化、效率化

160 / 这样做，孩子能比同学学得更多

163 / 让孩子自己发现问题，自己解决问题

167 / 多陪孩子读书，孩子理解能力就会很突出

## 第❼章　给自由设立界线，引导孩子自己建立有教养的行为规范

175 / 不要对孩子说，"你必须这样做！"

180 / 与其苦口婆心讲道理，不如听听孩子的想法

184 / 引导孩子自己认知错误，改正错误

188 / 对于孩子的管教，必须因人而异

192 / 如果冤枉了孩子，请放下架子道歉

196 / "受过伤"的孩子，会韧劲十足

# 第1章

# 孩子放弃优势生长，
# 是你欠他太多高质量的陪伴素养

每个孩子身上都有独特的闪光点，每个孩子都有成为优秀者的潜力。但最终，孩子会成长为什么样子，父母的陪伴与教导绝对是起到决定性作用的。

所以，请记住，别让家成为孩子惧怕的地方，别让父母成为孩子一生的梦魇。

# 有时你的"陪伴",
# 反而成为孩子的负担

父母对子女的爱,是最真切、最浓烈、最炙热的。孩子从出生的那一刻,就被"爱"的氛围包围着,他们在父母的呵护中认识世界,一点点感受着这个世界的美好。但是,在这个过程中,很多父母却将爱变成了"锁",变成了阻碍孩子个性发展的枷锁,那些过分的关注和爱护,最终都成为孩子沉重的负担。

## 父母的爱变成了枷锁

**烦恼小档案**

姓名： 刘晓东

身份： 初中生

困扰： 父母对他的期盼变成了压力

结果： 害怕考试，害怕与父母交流

刘晓东就是在这样充满"爱"的家庭中长大的，他的父亲事业有成，是一家大公司的老总，也是整个家庭的经济支柱；母亲是全职主妇，负责照顾一家人的饮食起居。

在别人眼中，刘晓东的家庭是非常幸福美满的。爸爸就算工作再忙，每天也会准时接送晓东上下学；父子俩一回到家，隔着楼道就能闻到家里面饭菜的香气。晚上，一家人温馨地坐在餐桌上一边吃饭，一边闲聊着生活中的点滴趣事，别提有多开心了。

上了初中以后，爸爸妈妈对刘晓东的管教渐渐严厉起来。爸爸依旧是主外，负责为刘晓东创造最好的物质生活；而妈妈则把大部分的注意力都放在了刘晓东身上，尤其关注他的学习情况。为了能让刘晓东考上重点高中，妈妈不惜花费重金给他请家教，报补习班，把每一分空余时间都塞得满满的。就连在家里的餐桌上，爸爸妈妈的话题也永远都围绕着"学习"两个字。

父母的关心和爱护逐渐成为一种压力。每当爸爸开着豪车接送他出入各种培训班时，刘晓东只觉得自己像一个被押解的犯人；每当看着妈妈准备各种营养品的忙碌身影时，刘晓东只觉得手里成绩平平的试卷十分烫手。自责、惭愧等情绪堆积在心头，让晓东感到无法呼吸。

刘晓东的成绩其实并不算太差，但也算不上特别优秀。虽然爸爸妈妈从来没有因此而责备过他一句，但他们的殷切目光和每次收到成绩单时脸上的失落表情，都像巨大的石头，沉甸甸地压在刘晓东的心上。他害怕妈妈每天的嘘寒问暖，也怕听到爸爸疲惫地感叹生意难做、挣钱不易，这些对他来说，都是煎熬。

他其实也想努力学习，但是，却总也无法集中注意力。遇到困难时，越想克服，就越是无法攻克，满脑子都充斥着痛苦和自责的情绪，觉得对不起父母给自己创造的良好物质条件和无微不至的照顾。

他也曾经试图把自己的感受告诉爸爸妈妈，但他们根本无法理解他的想法，只是告诉他："你只需要好好学习，不要考虑那么多。"于是，他只好把对父母的愧疚压抑在心里，默默地承受着。而内心越压抑，学习成绩越是无法提高。

久而久之，刘晓东开始害怕坐爸爸的车，害怕与妈妈交流，甚至害怕考试，更害怕考砸之后爸爸妈妈失望的眼神……

父母对孩子的爱是无微不至的，不管是对孩子严厉的管教，还是对孩子学习成绩的重视，说到底，其实都是希望孩子能有一个更好的未来，能在走向社会之前，为自己积累更多的资本。但在这个过程中，很多父母却不自觉地把对孩子的关爱与学习成绩挂起钩来，让这种关爱变成了一种"交易"，成为孩子无形的压力。更可怕的是，很多父母为了激励孩子努力学习，总会一遍遍在孩子面前强调，自己为了孩子付出了多少，承受了多少，就好像如果孩子无法达到他们的期望，就是对不起他们一样。这样的"爱"对孩子来说，已经成为负担和枷锁。

## 爱孩子就先给孩子尊重和理解

曾在网上看过一则"10岁女孩跪求父母离婚"的新闻，10岁的小女孩在父母密切的监控下，没有自由，没有朋友，一言一行都受父母的掌控，无论她去做什么，都得向父母汇报。在这种"爱"的压力之下，小女孩倍感压抑和窒息，想要逃离父母的枷锁，却又无计可施。有一次，在父母又因为如何教育她而发生争吵时，小女孩竟忍不住对父母说道："爸爸、妈妈，你们离婚吧。你们刚才吵架时不是已经提到离婚了吗？你们天天都在管我，太烦了！如果你们离了婚，我随便跟哪个都无所谓，反正就会少一个人管我了。"对于每个孩子来说，听到"离婚"这个词语，大概都会觉得惶恐又无助，可小女孩却主动对父母说出了这样的话，可见她所承受的压力有多大！这样的话语从孩子的口中说出，着实让人感到心酸。

在孩子的成长过程中，父母的爱与呵护是非常重要的，但有时候，"爱"得太深反而会束缚孩子的自由发展，对他们的成长没有任何好处。请记住，孩子不是父母的附属品，不要总打着"爱"的名义，想当然地把孩子当成作品一样去塑造。

很多父母常常对孩子说："我爱你，我做的一切都是为了你好！"可偏偏，就是"为了你好"这句话，让无数孩子感受到了沉重的压力。

孩子不只是父母的小宝贝，更是独立的个体，他们是需要被尊重、被认可的，你所以为的"为你好"，未必是孩子想要的好；你所做的种种牺牲，对孩子而言，却可能成为沉重的负担。一切爱的前提都应该是尊重和理解，而非一厢情愿地安排与付出。

著名少儿教育专家卢勤曾说："过高的期望，带来孩子的无望；过度的保护，带来孩子的无能；过分的溺爱，带来孩子的无情；过多的干涉，带来孩子的无奈；过多的指责，带来孩子的无措。"

曾看过这样一段对话：

妈妈："你把蛋挞吃掉吧，妈妈好不容易做成的。"

儿子："妈妈，我不爱吃蛋挞。"

妈妈："可是，妈妈今天很辛苦做成的呀。"

儿子："妈妈，你辛苦做了你可以吃，但是，我不能因为你的辛苦就强迫自己吃下去，我这样吃下去会难受，我难受妈妈你不心疼吗？"

是呀，当你打着"爱"的名义给孩子施加压力，套上枷锁时，孩子的内心是非常痛苦和挣扎的，这是你想要的吗？难道你就不心疼吗？所以，不要再给孩子施加压力了，不要再以"爱"为名，一遍遍在孩子耳边说着："你要争气，要努力，我这么辛苦都是为了你！"这样只会给孩子造成心理压力，而不是带来动力。

# 请千万注意
# 你对生活的态度

过生日要吃蛋糕、吹蜡烛；端午节要吃粽子、赛龙舟；新年一定少不了倒计时……在特定的日子里做特定的事情，这其实就是一种仪式感。借用《小王子》里的一句话："仪式感是使某一天与其他日子不同，使某一时刻与其他时刻不同。"

有人可能会说，所谓仪式感不是很矫情吗？其实，孩子是很喜欢和父母一起做些具有"仪式感"的事情的，这会让某个日子成为一段特别的记忆。而且，拥有仪式感，也会让我们身边那些看似平凡的小事变得与众不同，让平淡的生活充满色彩和乐趣，从而增加孩子对幸福和快乐的敏感度。

孩子的成长过程其实就是发现和探索这个世界的过程，那些看似简单、无聊，或者对于父母而言做不做都可以的事情，对孩子来说却可能是意义非凡的。如果我们能给这些小事增添一些仪式感，那么对孩子来说，无疑是巨大的惊喜和快乐，能够让他们在成长中感受到更多幸福。

如果父母足够热爱生活，那么他们的态度也会感染孩子。其实，生活的态度更多是体现在细节中的，并不需要做得如何高大上。睡前对孩子道一声晚安；节日为孩子举办一个小派对；在学校举行亲子活动时，和孩子一起积极参加……这些事情看似微小，但每一件都能让孩子真切地感受到父母对他们的爱、重视以及尊重，从而更深刻地体会到成长的乐趣和幸福，这样长大的孩子心中必然是充满爱的。

## 给孩子有仪式感的生活

张菲是一个年轻的妈妈,她对待生活非常热情,并且非常重视生活中的仪式感。比如,每天早晨,她一定会给孩子一个吻,轻声对孩子说:"早上好宝贝!"每天放学,孩子从校车上下来,她便会上前给孩子一个拥抱。每天晚上睡觉前,她一定会对孩子说:"晚安宝贝!"这些看似是生活的细节,但对于孩子的感染力是很大的,她的女儿一直是一个乖巧、懂礼貌且温暖的女孩子。

不仅仅是这些生活的小细节,她也十分重视生活中每一处可以体现她生活态度的东西,而且她所创造的仪式感,也是非常与众不同的。

比如,女儿初上幼儿园时,她便特意给孩子买了一套小礼服,举办了一个小小的入学仪式。很多人不理解她为什么这么做,有些老人还在背后说她矫情,甚至有邻居说她:"不就是上个幼儿园吗?小孩子什么也不懂,你怎么还举办入学仪式啊!"

张菲对这些声音并不在乎,也不解释。有人问时,她就笑着说:"我只是想给孩子一个美好的回忆。"

三年时光,女儿幼儿园毕业时,张菲又特意请假,推掉了手中重要的工作,参加孩子的毕业典礼,同事劝她:"幼儿园毕业典礼只是走个流程,你不用这么大费周章。再说了,之后还有小学、中学、大学,难道你都如此吗?"张菲坚定地回答:"当然!幼儿园毕业典礼虽然只是个形式,但却是孩子告别幼儿时期,进入小学的标志。这是孩子第一个毕业典礼,我怎么能不参加呢?不管是幼儿园、小学还是中学、大学,都是孩子成长过程中重要的经历,我应该给她留下美好的回忆。"

其实,有很多父母一开始也会像张菲那样做,但大部分人往往坚持不了很久,因为他们觉得，自己的行为似乎并不会对孩子造成多大的影响。实际上，这种想法是错的，父母对孩子的影响是渗透在生活的点点滴滴之中的，而不只是一场短暂的表演。

在充满阳光的家庭中成长的孩子，通常都很乐观、开朗，对生活充满热爱。但如果这种"阳光"只是表演出来的，那么孩子恐怕也只能学到"伪装"。王小波说："一个人只拥有此生此世是不够的，他还应该拥有诗意的世界。"生活中的种种仪式感又何尝不是一种"诗意"呢？当每一个日子都能因为仪式感而变得特别起来的时候，生活自然也会产生与众不同的意义。

生活，本就是要活出滋味来的。对于大人来说，做不做这些"小事"或许没有太大的区别，可对于孩子来说，这些细节之处就是他们心中所期盼的。

对生活充满热情的父母，常常会给孩子惊喜，而在收获惊喜的过程中，孩子对幸福和快乐的理解会更加深刻，从而更加热爱生活。

要知道，每个孩子对新事物都是充满了探索欲望的，他们期盼惊喜，期盼生活的特别之处，但很多父母却不能理解这一点，反而常常会给孩子泼冷水：

"小孩子过什么生日，给你买个蛋糕吃得了！"

"亲子运动会我就不参加了，工作实在是太忙了！"

……

这些话一次次地伤害着孩子，一次次打破他们对美好生活的期待，久而久之，他们对生活的热情自然也就随之熄灭了。

## 父母应该理解孩子的渴求

**烦恼小档案**

姓名： 小业

身份： 小学生家长

困扰： 不重视仪式感，没有给儿子准备过节需要的东西

结果： 儿子变得越来越孤僻，与她的关系越来越差

小业从小生活得很孤单，父母一直在外做生意，她则跟着祖父母生活在乡下。在别人眼中，小业是一个特别"务实"的人，她从来不重视仪式感，她不懂得浪漫，生活于她而言，就是吃好睡好。

小业与老公相识时，也不太懂得浪漫，丈夫给她买鲜花或别的礼物，她不仅不会觉得高兴，反而会抱怨说："这一点都不实惠，还不如请我吃点儿好吃的呢！"

最初，老公觉得小业是一个很会过日子的人，觉得自己找到了一个朴实的老婆。但渐渐地，他突然意识到，他们夫妻两人居然从来没有过过情人节，也没有庆祝过结婚纪念日，生活过得枯燥且乏味。

与小业一样，小业的儿子已经10岁了，一直生活在这种"柴米油盐"的环境中，哪怕生日，小业也只是给他买个蛋糕、吃顿饭而已。这一年儿童节，学校准备举办一个盛大的晚会，很多孩子的父母都直接从网上下单，给孩子买儿童节装饰品、衣物，甚至还亲自到班级里给孩子布置现场。但是，小业对此并不重视，甚至

看着那些忙碌的父母还嘲笑："学校就是太会作，就会指使家长做这做那……"

最后，她只给孩子做了一个简单的装饰品，找了一身普通的褐色衣服，孩子从妈妈的态度中感觉到了"不喜欢"，但他的心里对这个活动其实是十分期待的，当别的孩子兴奋地玩耍，炫耀着自己的"装备"时，他却只能坐在角落里，失落地看着。

渐渐地，孩子变得越来越孤僻、顽固。小业虽然感觉到了孩子的变化，但她并不知道问题出在哪里，有时儿子与她对抗，气急了她也会用暴力来制止。慢慢地，她与儿子的关系变得越来越差。

其实，孩子远比我们所以为的敏感，如果父母无法理解孩子的渴求，甚至把什么事情都看得可有可无，觉得这是在浪费时间，那么孩子也会在一次次的失望中对生活失去热情，变得冷漠孤僻。

父母是孩子的风向标，父母有什么样的生活态度，孩子就会拥有什么样的成长氛围。父母对生活笑一笑，孩子就会拥有笑脸；父母抱怨生活，孩子也会变得阴郁。生活对于任何人来说都不容易，所以我们更应该给孩子一个美好的童年，让他们拥有一段美丽的记忆，这样，孩子的幸福感和价值感将会跟随他们一生。

## 小心你的失礼行为，成为孩子生命的污点

公交车上，年轻妈妈一上车就抢坐在了"老幼病残"专座上，身旁的老人扶着栏杆颤颤巍巍地站着。面对众人的窃窃私语，年轻妈妈一翻白眼，理直气壮地说了一句："先来后到懂不懂！"

幼儿园里，小女孩霸占了所有的玩具，不肯分给其他小伙伴，还理直气壮地大声说："先到先得懂不懂！"

菜市场中，年轻爸爸因为插队与人发生冲突，一拳打在对方的脸上，还理直气壮地叫嚣："多管闲事，又不是插你的队！"

学校食堂，儿子抢走了同学的餐盘，一边挥舞拳头，一边叫嚣："有意见就来和我的拳头说！"

……

父母是孩子的第一任老师，孩子在生活中的所作所为和处事方法，很大一部分都来自父母的言传身教。父母的一言一行，都会直接影响到孩子未来的性格形成。

孩子其实很会"看脸色"，当他们乱扔垃圾、随地吐痰的时候，如果父母不管不问，那么他们就不会认为这样的行为有什么错误；当他们调皮捣蛋，甚至影响别人的时候，如果父母不是批评而是维护，那么他们就会觉得，自己的行为并没有错，甚至以后更加猖獗；当他们和小伙伴发生冲突，甚至拳脚相加的时候，如果父母选择了包庇和纵容，那么他们就会以为，用拳头解决问题是理所应当的……

## 先做好自己再教育孩子

每个孩子来到这个世界之初其实都如同一张白纸,是父母的"画笔"在这张"白纸"上一点点涂抹颜色,勾勒线条,最终才塑造了孩子的模样。在成长的过程中,每个孩子其实都会有一段漫长的试探史,他们总会试探着去做一些出格,甚至是违反常规的行为。如果这种行为没有得到制止,那么他们就会变本加厉,继续下去。但如果从一开始,父母就做出反应,给予孩子正确的引导和反馈,那么孩子就能及时意识到自己的错误,并给自己划上一条界线,规范自己的行为。

曾听到一位女士抱怨，说自从有了孩子之后，和闺密的关系越来越疏远了，而原因正是出在闺密的孩子身上。

闺密的孩子名叫小诚，今年7岁，他的爸爸学历不高，是个典型的"富二代"。小诚自小就很受宠，耳濡目染地看着自己的爸爸天天玩游戏、打牌，他也学了很多坏习惯，常常一言不合就和小朋友大打出手，在幼儿园里也是个"小霸王"，常常欺负同学。幼儿园老师曾多次向小诚父母反映过这个问题，但小诚爸爸却说："小诚没受伤吧？没有就行，他们打不过是他们厌！"

以前闺密很喜欢带小诚到这位女士家玩，每次小诚都会四处乱翻去找玩具玩，或者翻冰箱找吃的。这位女士的儿子比小诚年纪小一些，小诚有时候甚至会直接动手去抢他手里的玩具，得逞之后还眉开眼笑，冲人做鬼脸……一开始，这位女士虽然不高兴，但也没好意思和小孩子计较，但眼看儿子受了几次委屈之后，她也有些不高兴了，委婉地向闺密反映了这个问题。出人意料的是，闺密不仅没有教训小诚，反而还嗔怪地说一些诸如"孩子小，你怎么和孩子计较""小孩子，淘气是正常的""每个孩子都是不同的，你家孩子就那么优秀呀"这样的话，让这位女士气闷不已。

后来，闺密再要带着孩子来家里玩的时候，这位女士就找借口拒绝了，此后，两人的关系疏远了不少。

其实，"熊孩子"的错，就是"熊家长"的错。所有孩子的"熊"，都是父母教育的问题，更是父母素养的问题。正因为如此，很多人看到"熊孩子"之后，都会惋惜地说："问题不在孩子，而在家长。""孩子是天真的，是家长素养差害了孩子！"

当然是这样，不懂事的孩子一定会有不懂事的家长，但很多家长却往往意识不到自己的不懂事。在公共场合，他们大声喧哗，即使打扰到别人也毫不在意，在这样的"言传身教"之下，他们的孩子又怎么会遵守规则、敬畏规则呢？待人接物时，他们贪图便宜，谎话连篇，在这样"潜移默化"的影响下，他们的孩子又怎么会明白诚实的可贵呢？

父母永远是孩子最亲近的模仿对象，家长教育得当，品行好，又怎么会教育出"熊孩子"呢？如果一个孩子文文雅雅，知礼懂事，那么他很可能会有一对知礼的父母；如果一个孩子粗俗不堪，不懂礼貌，那么恐怕他的父母也不是什么懂礼的人。家长的一言一行对孩子的成长都能起到潜移默化的作用，所以，为人父母，一定要注意自己的言行，别让自己的"不检点"，成为孩子生命的污点。

卢梭的《爱弥儿》中有这样一句话："人的教育在他出生的时候就开始了，在他不会说话和听别人说话以前，他就已经受到教育了。"比如美国有两个有名的家族，一个是爱德华家族，始祖是位博学多才的哲学家，为人真诚勤勉，治学严谨。在他的八代子孙中有13位大学校长、100多位教授、80多位文学家、60多位医生……

另一个是麦克瑟克家族，这个家族的始祖是一个酒鬼和赌徒，平时嗜酒如命，无所事事，再看他的八代子孙，60多人是诈骗犯或盗窃犯，7人是杀人犯，大多数是乞丐和流浪汉。

看看这两个家族的历史，你就会发现，一个孩子生长在什么样的环境中，很可能就会成长为一个什么样的人。教育始于家庭，始于父母，孩子就是父母的镜子，他们会映照出父母的优点，同样也会凸显出父母的缺点。所以，在为人父母之后，请爱惜自己的羽毛，不要让你们身上的"泥点"溅到孩子身上。

# 硝烟四起的家庭，
# 是孩子最糟糕的命运

当一个家庭硝烟四起的时候，最受伤的永远都是孩子。现在有很多年轻的父母，他们在经营自己的婚姻和家庭时，一旦遇到问题，往往会以争吵或冷战的方式来发泄内心的情绪，以及对另一半的不满。虽然在婚姻中，我们并不提倡过分地妥协或忍让，但当家庭中有孩子存在的时候，这种直接的情绪宣泄方式，对孩子来说，是很可能造成伤害的。

要知道，对于孩子来说，硝烟四起的家庭，大概就是最糟糕的命运了。父母的每一次争吵，都会深深烙印在孩子心里，成为孩子一生的痛点。

## 父母不要当着孩子的面吵架

有这样一对年轻的小夫妻，常常会因为一些小事争吵个不停，有时候丈夫甚至会动手打妻子，当然妻子也不是"软柿子"，每次都会使出浑身解数，和丈夫大打出手。

他们有一个孩子，以前夫妻俩大概觉得，孩子年纪太小，还不懂事，所以争吵时也不会特意避开孩子。有一次，夫妻俩又因为一些事情发生争执，妻子愤怒地掀了桌子之后，因为反作用力，一下就摔到了地上，一旁的孩子见状，顿时吓得哇哇大哭，连路都还走不稳的他突然像是接到了什么命令一样，蹒跚地奔向妈妈，妻子吓得一把抱住孩子，两人抱头痛哭。

这样的场景发生过不止一次，面对父母的争吵，孩子要么哇哇大哭，要么就吓得躲在墙角。现在孩子已经8岁了，性格深深受到了影响，表面上看很懦弱，但一与同学发生矛盾，就像一只小狼一样，径直地扑向对方，连老师都拉不住。

父母争吵或许只是因为一时的情绪失控，或许只是因为一时的言语不合，对他们来说，夫妻之间的"战争"有时不过就是生活的调味剂，吵过了，打过了，一切就又可以回到原点。但孩子是无法理解这一点的，他们眼中看到的，是父母狰狞的面目和互相的伤害。父母的争吵就像是一个巨大的旋涡，把孩子卷入痛苦的恐惧之中。他们只能接收到父母悲观、急躁的情绪，却还学不会如何去应对这种情绪，而这些负面的东西，最终都会影响孩子的性格养成。

还有这样一个真实的案例。父母带孩子到心理咨询室咨询，原因是孩子常常做噩梦，并在梦中和怪兽厮打。此外，在日常生活中，孩子还开始疏远父母，有时甚至会故意躲开妈妈的拥抱。

经过心理咨询师的询问才知道，原来有一天晚上，孩子在梦中听到了父母的吵架声，便起床去查看情况，就这样看到了父母激烈争吵的样子，再回到床上之后，孩子就梦见爸爸妈妈都变成了可怕的怪兽，面目狰狞地厮打在一起。孩子很害怕，想要上前制止，但那两头怪兽却突然向他扑了过来，张着血盆大口，马上就要吞没他了，孩子拼命挣扎，可不管怎样都无法逃脱。

## 童年的恐惧可能需要用一生的时间治愈

对一个孩子来说，父母本应该是他最亲切且依赖的人，但是，争吵中的父母却让孩子感受到了恐惧。当孩子看到父母吵架时狰狞的面目时，内心所产生的是强烈的恐惧感和无助感。

心理学家调查发现，在父母经常吵架的家庭中，孩子心理出现问题的概率高达32%，甚至比离异家庭的概率还要高出两个百分点。父母无休止的战争硝烟，会让孩子产生强烈的不安，有些心思细腻的孩子甚至会把父母吵架的原因归咎在自己身上。

长期生活在这样的家庭环境中，很多孩子开始变得小心翼翼，怕自己的行为招来别人的反感或是厌恶。此外，他们也会开始委屈自己，比如有的孩子为了不让父母生气，会刻意讨好，小心翼翼地注意父母的情绪，一旦发现他们情绪不对，就会立刻开始自我检讨，把所有问题都揽在自己身上，更严重的情况下甚至会产生自我厌恶心理。

但在日常生活中，很多父母其实都不明白这一点，他们以为孩子年龄尚小，不

**烦恼小档案**

姓名： 小楠

身份： 走上社会的打工人

困扰： 小时候父母吵架，给我留下了深刻的恐惧

结果： 不断地自我否定，工作和生活都不顺利

会懂得或者记得太多东西。因此，他们可能会像那个男孩的父母一样，毫无顾忌地当着孩子的面争吵，甚至大打出手。

小楠是个性格内向、敏感的人，在他的整个童年回忆里，都弥漫着父母硝烟四起的争吵"战火"。小楠的父亲是暴脾气，因为一些小事，动不动就大吵大闹；母亲则是个爱唠叨的人，有事没事就喜欢数落父亲。这样两个人凑在一起，可想而知，吵得会有多厉害。有时候吵得厉害了，动起手的情况也并不罕见。刚开始的时候，一听到父母吵架，小楠就会吓得大哭。一方面是因为心里害怕，另一方面则是想通过这种方式来引起父母的注意，让他们停止争吵。可是很快小楠就发现，自己

的哭泣并不能阻止父母的争吵，甚至可能会让父母争吵得更厉害。这个发现让小楠感到非常崩溃，也非常痛苦，他开始把自己藏到屋子里，不敢出声，瑟瑟发抖。

现在，小楠已经20多岁了，工作、爱情都很不顺，他对别人很难产生信任感，习惯猜测别人的心思——别人一个不经意的动作，都会让他浮想联翩，担心自己是不是哪里出了问题。他非常害怕别人吵架，哪怕有人突然严肃地对他说话，他也会心里一惊，立即选择逃避。

对此，小楠感到很痛苦。为了摆脱这种情绪的控制，他去看了心理医生，在倾诉完一切后，他十分痛苦地说道："我讨厌这样的自己，我太痛苦了，每次有人冲我大声说话，我都会想起父母争吵的样子，我的内心非常纠结……"

父母对孩子的影响远比我们所想象的要大，在孩子的成长过程中，父母所做的一切，都会在孩子身上留下烙印，不仅影响着他们的一生，也决定了他们的一生。

孩子心理上的烙印是很难调节的，那些笼罩在"战争"阴影之中的孩子，所承受的巨大心理压力是我们难以想象的。不要觉得孩子小不懂事，就毫无顾忌地在他们面前露出狰狞的面孔，事实上，也正是因为他们还小，所以他们并不能理解父母争吵背后的意义，只能直观地感受和接收父母争吵时的一切负面情绪，这对孩子而言，是十分痛苦的。

给孩子一个幸福的家庭，营造和谐亲密的环境，让孩子在温暖和安全的怀抱中成长，这是身为父母的我们应当尽到的责任和义务，也是我们对孩子最好的爱。

孩子，从出生那一刻开始就已经会用眼睛去观察世界，用心去感受世界了，所以，别再把他们当成不懂事的娃娃，在他们面前去争、去吵，在"战争"中长大的孩子眼里全是硝烟，在"和平"中长大的孩子眼里全是友爱——你想给孩子一个怎样的未来呢？

# 第 2 章

## 那些从小被迫孤独的孩子，长大以后往往都人格有失

作为父母，我们总有太多的无奈和不得已，因为种种理由，缺席着孩子的童年。我们总以为，让孩子衣食无忧便是尽到了为人父母的责任，殊不知，从小被迫孤独的孩子，往往是很难健康成长的。

# 在孤独的深渊，
# 你的孩子在无声呐喊

如果可以，谁不想陪伴孩子成长，参与他们人生中每一个重要的时刻呢？这大概是很多父母心底最无奈的感慨了。可是，生活不易，我们总有这样那样的无奈，这样那样的理由，迫使我们不得不缺席孩子的童年。更重要的是，在父母心中，孩子都是脆弱的，需要保护的，任何危险都可能对他们造成不可挽回的伤害。于是，很多孩子就这样被父母"圈养"了起来，拥有漂亮的衣服，美味的食物，昂贵的玩具，以及令人窒息的孤独。

现在，很多孩子其实过的就是这样的生活，他们如同被圈养起来的小宠物，享受着高品质的物质生活，身边却连一个陪伴的人都很难拥有。不管是父母还是玩伴，都成了他们生活中的"奢侈品"。

而像这样在孤独中成长起来的孩子，往往是很难融入一个群体当中的。从表面上看，他们似乎并没有什么问题，有的父母甚至会把他们的"孤僻"归结于性格的内向和害羞。殊不知，那些所谓的"内向""木讷"和"寡言"，其实只是因为他们已经习惯了孤独，已经不知该如何再去和别人相处了。

## 你认为孩子性格内向，可能只是因为他很孤独

王女士在生下女儿果果之后不久就和丈夫离了婚，独自一人抚养女儿。平日里因为工作比较忙，王女士并没有多少时间陪伴在果果身边，虽然有父母的帮忙，但老人家毕竟年纪大，腿脚也不利索，王女士也不放心让他们带着果果到处去玩，所以大部分时间，果果都只能待在家里，看看电视，或者自己摆弄玩具。好在果果一直都非常乖巧，除了有些安静怕生之外，也没有给王女士带来什么麻烦。

到了上幼儿园的年纪之后，王女士把果果送到了幼儿园，结果没想到，等王女士要离开的时候，果果却又哭又闹，不肯留在幼儿园。王女士虽然感到有些无奈，但也只当女儿胆小怕生，性格内向，和老师一起哄了很久才得以脱身。

果果对上幼儿园的事情一直都特别抗拒，因为她根本不知道该怎么和其他小朋友相处，经常独自一人在角落里玩玩具，眼睛却不时羡慕地看向一块做游戏的小朋友们。老师很快就注意到了果果的情况，并和王女士约谈了几次，但王女士却觉得，女儿本来就是那种比较内向、喜欢安静的性格，不和其他小朋友一起玩也没有什么。而且，果果乖巧听话，从来不惹麻烦，比那些闹腾的小朋友可好太多了。结果，一直等到从幼儿园毕业，果果也没能交上一个朋友。

上了小学之后，果果依旧是那个看上去很乖的孩子，但在她脸上看不到一点儿快乐，当小朋友邀请果果一起玩时，果果会一脸迷茫，不知所措；当小朋友在一旁游戏时，果果又会露出羡慕的眼神。之后，果果开始出现厌学的情况，王女士这才意识到问题的严重性，赶紧带果果去做了心理咨询。

在心理医生的帮助下，果果的状况有所好转，人也渐渐变得开朗起来，并且终于交到了朋友。看着果果一天天的变化，王女士才意识到，原来女儿并不是天生就"性格内向""喜欢安静"，她也爱玩爱笑，也喜欢和自己的小伙伴一块玩游戏。

像果果这种情况，早期纠正还是可以收到良好效果的。但在日常生活中，很

多同样被迫在孤独中长大的孩子没有果果这么幸运，一直到长大成人，他们的父母或许都不曾知道，他们的内心其实一直在忍受孤独的煎熬，他们的不合群并非天生的，而是因为根本不知道该如何融入集体。更重要的是，孤独并非他们主动的选择，而是一种长年累月形成的习惯。

这样的孩子是非常辛苦的，因为他们的本心并不想孤独，甚至比平常人更强烈地渴望得到关心与陪伴，渴望能与他人和谐相处，但与此同时，他们又会觉得自己没有能力与人相处。在这样的矛盾之中，人生又怎么会获得幸福呢？

对于孩子来说，漂亮的衣服和美味的食物固然充满了吸引力，但与之相比，他们更想得到的，是父母的关心与陪伴，是可以一起玩耍、一起拥有小秘密的伙伴。每一个年幼的孩子，都是需要陪伴的，他们渴望与人交往，渴望父母的温暖与关爱，一旦情感达不到他们的渴望时，他们就会将希望转为伤痛，内心会受到重大伤害，不再愿意和人亲近，不再愿意相信他人。

据心理学研究显示，内心孤独的孩子，往往会严重缺乏安全感，对周围的人常怀有戒备之心，并且总是以挑剔的眼光看待他人。他们认为自己可能会被别人伤害，所以，虽然情感需求强烈，渴望与人亲近，但很难被人亲近，也很难结交到朋友。与其他孩子相比，他们的情绪化现象会更严重，敏感、暴躁，难以集中精力在一件事情上……

所以，无论如何，请仔细倾听一下孩子心底的呐喊吧，别把他们丢在孤独的深渊，让他们对爱一点点失去信任，变得冷漠、孤僻，甚至患上可怕的孤独症。陪伴，是父母能给孩子最好的礼物。

埃隆·马斯克是著名的工程师、科技界的大神，曾被评为2017年度全球五十大最具影响力人物之一，但他的幼年时期却是在孤独中度过的。

在马斯克的童年记忆中，父母的存在感是非常薄弱的。8岁之前，他主要由女管家照看，时常看不到父母，也几乎没有同龄伙伴的陪伴。童年对他来说，就是孤单、煎熬的时期。这样的成长环境，让马斯克逐渐形成了内向的性格，而他的内心也充满着悲伤。

在父母离婚之后，马斯克的生活变得更糟了。他和父亲一起生活，而他的父亲是一个非常专制且强势的人，他不在乎马斯克心里在想什么，更不允许他提任何要求，对马斯克的生活，他也漠不关心。

在跟随父亲生活的几年中，马斯克一直忍受着各种精神折磨，孤独感深入骨髓。这种生活环境，始终让他备受煎熬。即使在成年之后，取得了常人难以企及的成功，马斯克内心的孤独感与不安全感也仍旧没有消除。

甚至成功后，在接受某杂志采访时，他还在重复："如果我没有恋爱，如果没有长期伴侣，我就不会快乐。如果没有这样的人陪伴，我将永远不会快乐。光是睡觉就能杀死我。""当我还是个孩子的时候，我说过一件事：我永远不想一个人待着。"……

从马斯克的话语中，我们看到的不是一个强大无比的成功男人，而是一个痛苦无比、情绪激动、孤独且无助的孩子。即使曾经的一切已经过去，即使他已经拥有了自己的家庭，即使他缔造了辉煌的事业，他的心里却依然存在着一座孤岛，那是儿时烙印下的伤害，或许永远都不会消失。

别再把孩子留在孤独的深渊之中了，再漂亮的衣服和再美味的食物，都比不上一只温暖的手。多给孩子一些陪伴吧，别让他们在孤独的深渊中呐喊，只有让孩子的心中充满爱与阳光，他们才能在温暖中成长为最健全的样子。

## 父母的缺席，
## 可能会让孩子步入歧途

人类最重要的精神需求就是情感，无论是亲情、爱情还是友情，都贯穿着我们的一生。孩子对情感的需求往往会比成年人更大，而对于孩子来说，能够满足他们情感需求的最主要就是父母。在亲情滋润下的孩子，往往能活得乐观和幸福，犹如夏日绽放的花朵；而缺少亲情温暖的孩子，则通常会陷入孤独与不幸，整个生活甚至都是灰色的、沉重的。

许多年前，一首名为《世上只有妈妈好》的歌曲随着电影火遍大江南北，赚取了无数人的眼泪。简单的一句歌词"世上只有妈妈好"，唱出了无数孩子对母爱的渴求。

在孩子的成长过程中，父母扮演了非常重要的角色，父母的缺席，很可能会成为孩子一生都无法摆脱的伤痛，哪怕长大成人，这种伤痛也会如影随形，在他们的心中留下一个巨大的黑洞。

在成长的过程中，只有在父母的关爱和陪伴下，孩子的内心情感才能得到满足，心理发展也才能健全。但在日常生活中，由于经济压力，致使很多父母在孩子的成长中缺席。父母没有时间陪伴孩子，平时与孩子的沟通也只是简单的"吃饭""睡觉"等，也因为这样，许多孩子感觉不到亲情的养护，内心极度缺爱。

其实，对父爱和母爱的渴求可以说是人类的本能，一个孩子从出生开始，就会寻求父母的呵护，他会记得妈妈的怀抱和爸爸的味道，并且随着年龄的增长，这种情感需求会表现得越来越明显。在这个过程中，如果父母没有给予孩子足够的反馈，满足孩子对父爱和母爱的渴求。那么，孩子的内心就可能出现各种不适应。严重的话，甚至可能导致孩子的心理出现问题。

## 孩子的成长父母不可缺席

在心理学上，这种情况被称为"情感缺失症"。出现这类问题的孩子，心理和行为都会出现一些问题，比如他们可能会比较叛逆、焦躁，也可能会表现出怯懦、自卑、孤僻的一面等。此外，他们通常还会表现出没有安全感、不合群、没爱心等问题，严重的时候甚至可能发展到脾气暴躁、嫉妒逆反、有暴力倾向、人格障碍等。

通常来说，单亲家庭、关系不和睦家庭以及留守儿童家庭等，会更容易出现"情感缺失症"的孩子。有的父母可能觉得，虽然自己没有办法陪伴在孩子身边，但有爷爷奶奶的照顾，也能满足孩子对亲情的需求。随着孩子年龄的增长，你会很明显地看出，那些跟着爷爷奶奶或者外公外婆长大的孩子，与在父母身边长大的孩子，是有很大不同的。

那些缺乏父母陪伴的孩子，有的胆小、怯懦，有的脾气暴躁、难合群，有的小心眼、喜欢告状，有的则行动节奏比其他小朋友都慢半拍……这其实都是有迹可寻的，因为缺少父母的陪伴，那些孩子每天都在爷爷奶奶"小心点"的声音下长大，自然会变得胆小、怯懦；因为没有父母的教导，在遇到问题时，他们只会用极端的方式来解决，脾气自然越来越暴躁；因为没有父母的管束，在爷爷奶奶的宠溺和呵护下，他们已经习惯了事事占上风，即便与同伴相处，也根本不懂妥协和退让……

孩子的未来是什么样子，很大程度上其实是由父母一手缔造的。因此，无论孩子的情绪、脾气等出现了什么偏差，父母首先要找的一定是自己的原因，是否因为自己陪伴的缺失和教育的不当，才导致了孩子的问题。

小江虽然不是留守儿童，但是见爸爸妈妈的次数也很少。爸爸常年忙于工作，还经常性地出差，妈妈虽然不用出差，但工作也很忙，天天早出晚归，几乎没有什么时间陪小江。

平日里都是爷爷奶奶照顾小江，当他跟着奶奶在小区玩，有人问他想不想爸爸妈妈时，他总是会摆出一副无所谓的样子，说："爸爸妈妈要赚钱养家，他们是在给我挣钱花。"当别人接着问他想不想时，他就会笑着说，"想，谁不想自己的爸爸妈妈呀！"

一个5岁的孩子这么懂事，而这种懂事实在让人心疼。他才只有5岁，当然会渴望爸爸妈妈的陪伴，他也希望能让爸爸抱起来"举高高"，也希望能在妈妈怀抱里撒撒娇。

有像小江这样懂事得让人心疼的孩子，当然也有像雷雷那样叛逆的孩子。

**烦恼小档案**

姓名：    雷雷

身份：    10岁的小学生

困扰：    爸爸妈妈不管我，我太孤独了

结果：    叛逆、倔强，成了令老师头疼的学生

雷雷今年10岁，和小江住在同一个小区。他的情况和小江差不多，爸爸妈妈同样忙于工作，从小跟在爷爷奶奶身边长大。之前雷雷学习成绩虽然不是很突出，但也算是个听话的孩子。但从上五年级开始，雷雷就提前进入了叛逆期，每天在学校捣乱、打架，在家里也不听爷爷奶奶的管教。

雷雷原本是住校的，一周回去一次，但现在的雷雷叛逆、倔强，对任何人都带有攻击性，与哪个同学也处不来。老师实在没有办法，只好把雷雷的爸爸妈妈请来了学校，希望可以纠正雷雷的问题。

但当爸爸妈妈批评雷雷时，雷雷却突然爆发起来，对着爸爸妈妈大哭道："你

们骂我吧，至少我还能听到你们说话！平时我总是一个人，一个人上学放学，一个人学习，一个人玩，想和爸爸妈妈撒个娇都不能，我需要你们的时候，你们在哪儿呢？现在出来批评我，这样的日子我过够了……"

雷雷的话惊呆了老师，也惊呆了爸爸妈妈，他们怎么也没想到，雷雷叛逆的根源居然在这里。

其实，现在很多孩子都像雷雷一样，他们叛逆、惹是生非，只是想用这种方式来引起父母的关注，让父母能多关心他们一些。当父母发现孩子突然变得叛逆时，在责怪他们之前，不妨先试着站在他们的角度去想一想，倾听一下他们内心的声音。要知道，在他们这个年纪，每天最希望得到的，就是父母的肯定和表扬，父母的缺席，对他们而言，是多么大的痛苦和遗憾啊！

曾经看过这样一篇报道，一个女生以出色的成绩被美国麻省理工学院斯隆管理学院录取，留学期间成绩也特别出色。但就在大家羡慕不已的时候，却传来了她自杀的消息。

在她离世后，家人翻阅她的日记，才发现表面风光优秀的她，内心却充满了痛苦与无助。在日记中，她这样写道："小时候，家里生活困难，3岁的时候，我便离家，开始了一个星期只能回一次家的独立生活。在幼儿园里面，我经常是感到恐惧的。我没有朋友，而我又是那么可笑地自闭和敏感。别人随便对我说点儿什么我就当真，于是逆反心理非常强，小学的时候常常跟班里的男同学打架。这种没有朋友的状态一直持续到了初中。"

这样年轻又优秀的女孩，却在如花的年纪选择了放弃，而真正毁掉她的，正是成长过程中的亲情缺失，以及深入骨髓的孤独感。对于教养孩子来说，最好的爱是陪伴，而最好的滋养则是温暖的亲情。如果没有这些，孩子是很难成长为一个心理健全的人的。

孩子每天都在成长，父母千万不要等到孩子长大成人之后才幡然醒悟，发现自己的缺席究竟为孩子带来了怎样无法挽回的伤害。亲爱的父母，请重视一下孩子情感和心理的发展吧，不要让孩子在缺少陪伴和爱的遗憾中孤独前行。请记住，对于孩子而言，父母的陪伴才是最大的财富，远胜过其他一切。

# 在挣钱和孩子之间，你到底更在意哪个

现在，越来越多的父母选择将孩子放在老人或者保姆那里，自己则忙于工作赚钱。不是因为不爱孩子，而是这些父母认为，自己只有赚到更多的钱，才能给孩子创造更好的生活。殊不知，对于孩子来说，父母的陪伴才是最宝贵的财富，当父母离开孩子去挣钱时，孩子正苦苦期盼着父母的归来。

其实，从现实的角度来说，在挣钱和孩子之间做出选择，的确是很残忍的事情，毕竟不管想要做什么事情，都是无法离开物质条件的支持的。但如果我们因为忙于挣钱而忽略了孩子，却又常常去抱怨孩子为什么不听话，为什么这么难管教，那么恐怕就有些不合适了。既然作为父母的我们缺席了孩子的成长，又有什么资格去要求孩子长成懂事听话有担当的样子呢？

## 孩子需要陪伴时大人不能转身离去

谭女士和丈夫都是"北漂",虽然拥有不错的工作,但想要真正在大城市立足却着实不容易。生下儿子蛋蛋以后,林女士很快就回归了职场,由于夫妻俩都十分忙碌,不得已只好将孩子送回老家,让父母帮忙带。

蛋蛋被送回老家后,爷爷奶奶对他都特别疼爱,但每次看到别的小朋友跟在爸爸妈妈身边的时候,蛋蛋心中依旧会感到有些失落。最开始时,他还常常会问爷爷奶奶:"爸爸妈妈什么时候才来接我?"但日子久了,蛋蛋也渐渐明白了什么,干脆就不再问了。

一开始,爷爷奶奶还以为蛋蛋已经适应了,但在一次帮蛋蛋收拾房间时,奶奶却发现一个盒子,直接吓出一身冷汗。盒子里装着的,是很多蛋蛋自己画的画,在这些画上,太阳是黑色的,而画中出现的爸爸妈妈则全都是没有五官的。奶奶虽然并不太明白是什么意思,但她的直觉告诉她,蛋蛋会画出这样的画,一定是出了什么问题。

奶奶赶紧把这件事告诉了谭女士,谭女士非常担心,拿着画去见了一位心理咨询师。咨询师在看过蛋蛋的画之后,告诉谭女士,从这些画中,可以很明显地看出蛋蛋内心的无助,比如在这些画中,看起来玩得很高兴的小朋友都是背影,而且对于背景物而言,这些孩子都显得太弱小了。此外,画中的青草、小花、房子、大树等,虽然颜色都很鲜艳,但几乎都是冷色调,可见在画这些画的时候,孩子的内心是非常悲伤的。而且,需要注意的是,蛋蛋画的这些画,几乎每一张里面都会出现两个牵着手的大人,但小朋友却离大人很远,并且大人看起来非常瘦弱,可见他内心对父母是极其渴求,但是又充满了不信任。

这件事之后,谭女士最终做出了一个决定,她放弃了一个重要的升职机会,向公司请了两周的假，陪伴儿子做了四次心理干预。在这个过程中，谭女士逐渐意识到，作为母亲，她能给蛋蛋最好的礼物，其实就是陪伴。对于年幼的蛋蛋来说，他的内心最需要的，是来自父母的关爱和温暖，只有得到了这些，才能真正彻底地解决问题。

其实，现在很多家庭，父母都缺席了孩子的成长。有些父母是迫于生活的压力，不得已而为之，有些父母则纯粹是为了逃避压力而忽略了对孩子的陪伴，孩子的学习、生活、娱乐等都不曾参与，即便在家里休息时，也是手机不离手，身体不离沙发，和孩子基本上处于零交流的状态。通常来说，这种情况在父亲身上发生得更多。

## 陪伴与否将会得到两种不同的结果

两个年纪相仿的小朋友宸宸和果果在聊天时提到自己的父母，从而发生了如下对话：

宸宸说："果果，我怎么总觉得你爸爸很少在家呀？"

果果说："是呀，我爸爸工作忙，但每天都会和我视频聊天。"

宸宸说："哦，那你爸爸会陪你玩吗？"

果果回答道："会呀，我一放假爸爸就会推掉工作，陪我到处玩。"

听了这话，宸宸顿时羡慕地看向果果，说道："果果，我好羡慕你呀，虽然爸爸不在身边，可爸爸能天天陪你；我呀，虽然爸爸在身边，但我爸都不爱我……"

……

宸宸的爸爸是什么样子的呢？他真的像宸宸口中所说的，一点都"不爱"宸宸吗？

事实上，宸宸的爸爸是一名股票经纪人，每天都非常忙碌，即使在家休息的时候,也是手机不离手,随时准备着应酬客户。所以很多时候,虽然爸爸人在家里,但对于宸宸来说,爸爸在不在家似乎并没有什么区别。对宸宸来说,他最讨厌的就是爸爸的电话,因为只要电话一响,爸爸就"不爱"自己了。

刚开始的时候,宸宸还会常常缠着妈妈"告状":"为什么爸爸不理我?我想和爸爸玩,不要让爸爸打手机!"但每次妈妈都会安抚他说:"爸爸是在给你挣钱买玩具,乖乖的,不要打扰爸爸。"可在宸宸心里,比起昂贵的玩具,他更想要的,是爸爸的陪伴。渐渐地,宸宸不再缠着妈妈"告状",也不再缠着爸爸陪他玩耍,因为他知道,只要爸爸手里那个黑色的小方块一响起来,他就会在爸爸眼中"消失"了。

当宸宸爸爸终于注意到儿子对自己的冷漠时,宸宸已经变成一个不会再缠着爸爸妈妈的"懂事"的孩子了。宸宸爸爸也曾想过调整一下自己的工作,挤出更多的时间陪伴孩子,但每次电话一响起,他就又只能继续投入无休止的工作中。作为一个家庭的顶梁柱,宸宸爸爸认为,牺牲一部分陪伴孩子的时间,去挣更多的钱,这样对宸宸的未来才是更好,也更"实用"的。

宸宸爸爸想给孩子创造更好的生活,为家庭创造更大的收益,这本无可厚非。但我们也应该明白,感情是需要培养的,夫妻关系如此,亲子关系同样也是如此。当孩子需要陪伴时你转身离开,那么等你想要再回来的时候,孩子又是否还会在原地等着你呢?时光总是太匆匆,你以为只是暂时的缺席和错过,却可能成为孩子记忆中再也无法弥补和挽回的遗憾。

其实,挣钱与孩子并不一定非得二选一,就像果果的爸爸,从果果的描述中可以知道,果果爸爸的工作同样也是非常忙碌的,同样没有时间常常陪伴在孩子身旁。但有一点果果爸爸却做得非常好,那就是无论工作多忙、时间多紧张,他从来不会忽视果果。虽然他不能寸步不离地陪在果果身边,但通过视频通话的形式,努力维持着亲子间的感情线。更重要的是,只要果果放假,他一定会从百忙之中抽出时间，暂时放下工作，陪果果一起制造美好的回忆。

有时，忙碌何尝不是一种借口呢？当父母因为事业忙碌而把孩子晾在一旁的时候，无论有多么冠冕堂皇的借口，必然都会对孩子造成很大的伤害。这种陪伴的缺失会在孩子幼小的心灵中留下阴影，哪怕父母之后给予再多的补偿，这些阴影也会在孩子未来漫长的一生中留下深远的影响。

孩子的成长不仅仅是身体的成长，同时也是心灵的建设，在这个过程中，亲子关系的维护是非常重要的。不要总以"我给你赚钱""给你创造美好未来"为借口而缺失陪伴，若是你错过孩子的成长，那么就会永远错过了解孩子的机会。别等到将来有一天，你发现孩子的性格和心理出现问题，却无从下手。真正到了那个时候，恐怕就无法挽回了。

## 孩子真心需要的，
## 可不只是妈妈

当家庭与事业发生冲突的时候，我们身边大多数妈妈或许会选择回归家庭。为了陪伴孩子，这些曾经在职场上叱咤风云的女性脱下高跟鞋、职业装，心甘情愿地穿上围裙、拿起锅铲，成为全职妈妈。但与之相对的是，愿意放弃工作回归家庭，甚至成为全职爸爸的男性始终还是少数。

会出现这样的状况，是因为在我们周围，大部分人对家庭分工的认知依旧还是"男主外，女主内"。甚至还有不少人认为，教育孩子就应该是母亲的责任。但事实上，一个完整的家庭，可不是只有"妈妈"的，对孩子来说，无论是爸爸还是妈妈，都同样重要，他们需要妈妈，同样也需要爸爸，这样才是一个完整的家。马东在接受某节目采访时曾经说过，他的生命底色是悲凉，父亲马季是大家眼中的名人、大家，而父亲陪伴事业的时间自然也就远远超过陪伴他的时间，以至于在众人眼中熟悉的人在他的记忆中却是一个陌生的角色。

父爱缺失可以说是很多家庭都存在的通病，中国青少年研究中心曾经做过一项调查，发现仅有10%的少年儿童在心情不好时，能够得到父亲的理解和安慰；仅有6.9%的少年儿童在空闲的时间和父亲待在一起的时间最长；仅有15.5%的少年儿童觉得父亲尊重自己，能让自己感到自信；仅有8.5%的少年儿童愿意把内心的秘密告诉父亲。

从调查数据中不难看出，在很多家庭中，孩子与父亲之间的亲子关系其实更像是一种上下级关系,虽然孩子想要从父亲那里得到赏识,得到关爱,但彼此的相处却始终存在一层隔阂,不像与母亲的亲子关系那样和谐。

除此之外,该研究中心还曾经对1988人进行调查,调查结果更是让人大跌眼镜,有高达60.7%的人认为"现在的孩子缺失父教",有46.9%的人表示,在自己的成长过程中,母亲承担了更多的教育责任,而仅有13.0%的人表示,自己的父亲承担了更多的责任。

## 父亲的陪伴不可或缺

长久以来的育儿观让很多人觉得，家庭中的父爱缺失现象似乎是"理所当然"的，因为父亲最大的责任是赚钱养家，"相夫教子"这样的事情，就应该留给母亲去做，母爱就必须是无条件给予的。于是，在孩子的成长过程中，许多父亲就这样理所当然地把教养孩子的责任推到了妻子的身上，却始终没有意识到，自己的缺席会给孩子带来怎样的伤害，又会给父子之间的关系造成怎样的问题。

弗洛姆在《爱的艺术》中表达了这样的观点：妈妈代表大自然、大地与海洋，是我们的故乡；爸爸则代表思想的世界——法律、秩序和纪律。孩子需要大地与海洋的包容和温柔，同样也需要秩序与纪律的约束和引导。可在很多的家庭中，母亲却被迫担任起双重角色，在这种"丧偶式育儿"的折磨下，不仅妈妈们怨声载道，孩子们也同样是充满失落与遗憾的。

在完整的家庭教育中，父亲和母亲是同样重要的，甚至可以说，父亲的陪伴对孩子性格的养成还起到更为关键的作用。如果注意观察，想必你会发现，很多被妈妈独自带大的孩子，性格上或多或少存在一些问题，有些孩子因为母亲的强势而变得懦弱、胆小；有些孩子因为母亲的溺爱而变得柔弱、自卑；还有些孩子则因为缺少父亲的陪伴与引导，变得敏感易怒、心胸狭窄……

美国耶鲁大学曾针对"父亲在家庭教育中的重要性"这一议题做过一项调查研究，结果显示，那些在父亲陪伴下长大的孩子，常常会表现得自信勇敢、有主见。因为爸爸是力量的象征，哪怕爸爸不说什么，孩子也会从爸爸的眼神中得到力量和勇气。再者，男性的思维通常会更偏于理性，他们比感性的女性在某些方面拥有更强的处事能力。因此，在父亲的陪伴下，孩子的自控能力会变得更强，也更懂得如何保护自己。而且，父亲高大伟岸的形象也会让孩子产生安全的心理暗示，在父亲的陪伴下，孩子内心的安全感往往会更强烈，不容易产生自卑心理，也不容易自我怀疑。

总之，在爸爸的陪伴下长大的孩子，往往智商会偏高，学习也会更自信，从而也更容易获得成功；相反，那些在成长过程中缺失父爱的孩子，则很容易出现敏感、自卑、缺少安全感的性格表现。

## 父爱缺失对孩子性格塑造会有一定影响

**烦恼小档案**

姓名： 小轩

身份： 13岁的初一新生

困扰： 性格胆小内向，不敢表达

结果： 被误解了也不敢大声辩解

小轩是一个单亲家庭的孩子，他的父亲原是因为家庭贫困而入赘到他母亲家的，但后来因为不能忍受小轩母亲过于柔弱的个性而选择了离婚。

今年，小轩已经13岁了，刚刚小学毕业，马上就要步入中学。正常情况下，这个年纪的孩子大多是阳光活泼、大方率直的，但小轩的性格却极其内向，就连听到别人叫他的名字，和他打招呼时，腼腆的他也会觉得很害羞。

一开始的时候，小轩妈妈只是觉得儿子性格比较内向，而且，喜欢在家看书、听音乐，安安静静不惹事，也没有什么不好。但后来发生的一件事，让小轩妈妈意识到，小轩的性格确实是存在一些问题的。

那是一个周末，小轩妈妈带小轩一起去商场买衣服。当时，小轩妈妈看中一条裙子，便让小轩在试衣间门口等着，她自己进去试衣服，就在马上要试完的时候，小轩妈妈突然听到试衣间外面一个女人愤怒地吼道："你说话呀，不长眼吗？碰到了我的箱子，也不说对不起，就这么不说话，你想干什么？"

小轩妈妈心里一慌，直觉可能是小轩出了事，于是赶快换好衣服出来。果然不出所料，只见小轩正低着头，面红耳赤地站在一旁，被一个陌生女人指着脑袋训斥。小轩妈妈赶紧上前护住小轩，连连向陌生女人道歉。

事后，妈妈问小轩究竟发生了什么事。小轩犹豫了许久，才低声说道："妈妈，我没有撞阿姨的箱子，是她没有放稳自己倒下的。"

妈妈问："那你为什么不跟阿姨解释呢？"

"她太凶了！"小轩又低下了头。

这件事发生后，小轩妈妈才意识到，儿子的"内向"和"害羞"似乎有些过头了。小轩妈妈找到一位专门从事儿童心理研究的朋友，告知了他小轩的情况。朋友听完之后，告诉小轩妈妈："在小轩成长的过程中，父亲这个角色可以说是完全缺失的，而作为母亲的你性格又太过温柔，虽然你给了他全部的爱，但你无法替代'父亲'这个角色，你的柔弱也不能给他足够的安全感和力量感，所以他的内心其实是很自卑的，他不自信，也没有足够的勇气和力量去应对那些突发的事情。"

这位朋友还告诉小轩妈妈，在男孩子的成长过程中，某一个时期是非常需要父亲来做性别指引的，但小轩没有得到父亲的指导，所以他只能一直模仿妈妈，出现了"性别错位"的现象——即比较倾向于女性，容易害羞，缺少男子汉应有的阳刚、勇敢。

对于孩子而言，父亲与母亲所担任的角色并不相同，母亲再伟大，也不可能完全替代父亲的陪伴。不只是男孩，女孩同样也需要父亲的陪伴，缺失父爱的女孩长大后会更容易陷入孤独，更容易产生患得患失的感觉。

父爱如山，对孩子来说，父亲和母亲一样，都是家庭中必不可少的。当父亲忙碌于"养家糊口"之时，如果能抽出一些时间，哪怕只是零星的时间，与孩子一起游戏、追逐、学习，对孩子的成长和性格塑造也是大有裨益的。

# 所谓陪伴，
# 指的不是你陪孩子多少时间

"陪伴"这个词，不知为人父母的你们是怎样理解的。陪，即陪在身边，静静待在身边；而伴则更倾向于同伴，要一起游戏一起成长。由此可见，所谓陪伴，可不仅仅指的是陪在孩子身边的时间长短，而是在于你陪伴孩子做了什么。

真正合格的"陪伴"并不是以时间的长短为标准的，而是要做到"三心"，即真心、耐心和贴心。陪伴的目的是给孩子带来快乐、幸福和安全感，从而促使他们的情感得到正常发展。而现在很多父母对陪伴的理解其实都是有误的，他们以为将孩子放在游戏城堡，自己坐在旁边的等待椅子上玩手机就是陪伴；他们以为带孩子去吃好吃的，去游乐场就是陪伴；他们以为自己窝在沙发里看剧，让孩子在旁边捧个iPad玩游戏就是陪伴……

陪伴不是你贴在孩子身边攒时间，而是要让孩子感受到你的用心，哪怕一天只有一小时用心地陪伴，孩子的情感也是能得到满足的。也就是说，即便是那些常常忙于工作，无暇顾家的父母，哪怕每周抽出很少的时间来，用心去陪伴孩子，孩子也是不会缺爱的。

## 究竟什么是高质量陪伴

周女士是位非常优秀的职业女性，在她所工作的行业里也是小有名气的人物。在事业发展的关键时期，她生下了儿子豆豆，但她的事业并没有因此下滑，反而步步高升。

令她苦恼的是，在一年的产假休完之后，她常常被"什么时候陪孩子"这个问题困扰。每每工作一天回到家中，看到孩子冲着自己哇哇大哭，她就觉得分外揪心；每次出差回来，看到孩子既委屈又可怜的表情时，心里难免会涌上一丝愧疚感。有时她也会担心，自己不能陪伴孩子，会对孩子的心理产生不好的影响。

因为工作忙的缘故，豆豆早早就被送去上幼儿园，也因为工作忙的缘故，幼儿园中的亲子活动，周女士也不知道缺席了多少。常常是原本已经请好了假去参加，最后又因为领导的一个电话临时改变计划，每次看到豆豆失望的样子，她都不知道该怎么解释。

一次，豆豆正在楼下和小朋友玩，周女士提前下班想要给豆豆一个惊喜，可当她准备藏在豆豆后面送惊喜时，却突然听到豆豆说："我真羡慕你，天天都能看到妈妈，不像我，天天都在等妈妈回家！"

那一刻，周女士泪崩了。

也正是因为这一句话，她下定了辞职的决心。什么行业黑马，什么行业精英，她一概不要了，她现在要做的就是陪伴孩子。

周女士递交辞呈时，老板觉得很惋惜，甚至派公司副总来劝说，让她不要因为孩子而失去自己的事业，孩子已经上幼儿园了，没必要再寸步不离地照顾。

但周女士依然很坚决，她说道："孩子的成长只有一次，我已经错过了太久，不能再继续错过了。"

的确，很多妈妈因为孩子做出过和周女士一样的选择，但可惜的是，很多时候，这种牺牲并不能真正带来她们期待的结果。周女士也是一样，她选择回归家庭，是为了更好地陪伴孩子成长，填补孩子的情感空白，让孩子更加快乐和幸福，但可惜，她并没有真正理解陪伴的意义。

辞职之后，周女士有了接送孩子的时间，也有了参加孩子幼儿园各种活动的时间，周末可以带孩子到游乐场，甚至可以到周边自驾游。但是，就在这个过程中，周女士却渐渐忘记了最初的想法。

以前工作忙的时候，周女士陪伴孩子的时间很少，所以，每一次和孩子相处的时候，她都会非常珍惜这些时间。比如，她会在睡前陪孩子做运动、读书；她还会利用周末极少的时间陪孩子去报名参加各种亲子项目。但是，现在时间多了，在陪伴孩子时，她反而不那么用心了。大概是总觉得时间还有很多，对于孩子的游戏请求，她开始渐渐失去耐心，甚至产生了厌烦。现在，她最常对孩子说的一句话就是："自己乖乖去一边玩，妈妈休息一会儿再陪你。"

孩子要求她讲睡前故事，她说做了一天家务很累，不讲了；孩子请她一起去公园玩，她说人太多，等人少再去。久而久之，孩子和她的关系不仅没有如她所预期的那般得到增进，反而还更加疏远了。

其实，陪伴，效果比时间更重要，如果你不能让孩子体会到你对他的爱和重视，满足孩子的情感需求，那么哪怕一天24小时都待在孩子身边，这种陪伴也是没有任何效果的。但如果你能让孩子在陪伴中感受到足够的爱与重视，能让孩子拥有快乐幸福的时光，那么哪怕每天只有1个小时的陪伴，也是能够有效增进亲子关系的。

后来，周女士终于意识到了自己的问题，并在朋友的建议下又重返了职场。如今，周女士又恢复了以前的忙碌，但她和豆豆的亲子关系却比从前更和谐了。

现在豆豆已经上了幼儿园中班，周女士每天只有晚上的时间能陪他。这段时间里，豆豆会跟周女士一起聊天，讲一些幼儿园发生的事情，讲一讲自己高兴、不高兴的事情，然后周女士会对事情进行评价。这样的母子对话，让周女士和豆豆的关系也变得越发亲近起来。

休假的时候，周女士会陪豆豆一起散步，一起打球，或是一起滑轮滑。重要的是，无论和豆豆一起做什么，周女士都非常投入，她不会去看手机，也不会接任何业务电话，会把所有的注意力都放在豆豆身上。

有了高质量的陪伴，豆豆也越来越懂事，他会在妈妈下班后主动跑到门口问好，还会给妈妈按摩，晚上睡前也会给妈妈一个大大的拥抱。

妈妈说："豆豆，晚安，明天在幼儿园好好表现！"

豆豆说："妈妈，晚安，工作不要太辛苦！"

孩子是非常敏感的，他们或许年纪小，很多事情都还不懂，但他们是完全能够从父母的行为中感受到他们对自己是否关心、是否重视的。所以，亲爱的新手爸妈们，别再用"攒时间"的方式去敷衍孩子了，给孩子更高质量的陪伴，远比那些彼此煎熬的时间动人。

首先，父母可以利用闲暇时间和孩子交个心。父母可以在陪孩子吃饭时，听孩子说一说自己的想法和心声，解决孩子的疑问和难题；睡觉前给孩子拥抱或是鼓励，给孩子讲讲故事，和孩子聊聊天。

其次，放下手机安心陪伴。很多父母觉得只要"守"在孩子身边就是陪伴，自己可以一边看手机，一边看孩子有无危险，或者不时地给孩子一句夸赞等。但实际上，这样的"陪伴"是没有任何效果的，孩子并不能从父母这种敷衍的态度中感受到足够的重视，他们的情感需求也并不会因此而得到满足。

陪伴孩子，并不是挂在嘴上，或者表演给别人看的，而是要用心去相陪孩子，用爱去相伴孩子，给孩子最优质的亲子时光，让孩子在爱中茁壮地成长。

# 第3章

# 有质感的深度陪伴，从正向欣赏孩子开始

父母总以为，挑剔才能让孩子进步，却从未考虑过，即便是年幼的孩子，也是需要被尊重，渴望被欣赏的。试着去欣赏一下孩子的优点吧，你会发现，你的孩子远比你所以为的优秀。

> 儿子，咱们不跟别人比，就跟自己比，只要每次考试都有进步，你就赢了。

> 爸爸，我是不是太笨了，怎么就不如别人学习好呢？

# 孩子的性格，
# 本就各不相同

在这个世界上，每个人的性格都不尽相同，各有特色，孩子也是一样，每个孩子都是独一无二的，世界上没有完全相同的两片树叶，自然也不可能会有性格完全相同的两个孩子，因此，我们不能拿自己的性格作为标准去评价一个孩子，轻易就给孩子下定义。不管孩子是什么样的性格，父母都应该保护好孩子的这份独特性。

人的性格是在先天的基础上，加上后天环境的影响而自然形成的。有些孩子进入人群后，会很快成为众人的核心，受到大家的喜欢；有些孩子就是角落中的人物，默不作声；也有些孩子虽然活泼极了，不停地围着人转来转去，却不能讨人喜欢……

无论孩子的性格如何不讨喜，都不能简单地用"缺陷"二字来判定，父母要守护孩子的个性，因为你们的孩子一定是独一无二的，每种性格也都有其可爱之处。可惜，在日常生活中，很多家长意识不到这一点，总是想人为地去改变孩子的个性。比如有的家长觉得自己的孩子性格内向，不太讨喜，就总是想纠正孩子的性格，处处让孩子去"锻炼"，但这样做其实只能让孩子更加痛苦。其实内向的孩子往往会更沉稳，做事更细心，这何尝不是一种优点呢？再比如，有的孩子太调皮，游戏中总是最活跃的那一个，经常处处小磕小碰，于是，心疼孩子的父母便想着约束孩子，改掉孩子的个性，然而，你可能不知道，这样的孩子将来的情商会有多高！

孩子的性格是独特的，或许有不足的地方，但同样也有独属于自己的优势，我们不要总想着把他们装到模具中,或者让他们去模仿"别人家的孩子"。要学会欣赏孩子的优点,只有这样,才能让孩子感受到父母对他们的爱与重视。

## 父母总希望自己的孩子性格十全十美

**烦恼小档案**

姓名：　　诚诚

身份：　　一年级小学生

困扰：　　喜欢一个人静静待着，可大家总说我不合群

结果：　　对于我这种性格，妈妈也很无奈

素媛是一个白领，业绩突出，因为她性格外向，乐于助人，所以她不仅工作完成得出色，人缘也特别好。

素媛有个儿子叫诚诚，和素媛不同，诚诚性格内向、孤僻，也不喜欢和同学们一起玩，就连一些团体活动，他也是能不参加就不参加。

和其他孩子比起来，诚诚有些不合群，因为不合群，虽才上一年级3个月，素媛就两次被老师叫到了学校。素媛最开始并不在意老师的话，只想着孩子可能太小，有点胆怯也是正常的。但是，在老师接连找素媛谈话之后，她心里不免也有些慌了。

这天，素媛和往常一样接诚诚回家，在路上，素媛边开车边与诚诚聊天。

她问："儿子，我们开学这么久了，认识新朋友没？"

诚诚看着窗外，悠悠地说："没有，大家在一起总是打打闹闹的，我觉得他们很幼稚。"

素媛很惊讶诚诚用了"幼稚"这个词，忙追问："你觉得他们幼稚？为什么？你们是同龄人呀！"

诚诚一本正经地说:"妈妈,我觉得打打闹闹太没意思了,还不如自己多看看书,而且,这种打闹又很容易受伤。妈妈,我们周末去郊游吧,我想一个人在大自然中静静。我特别羡慕武侠小说里面的那些大侠,他们来去自由,不受世俗的束缚,如果我到了大自然中,我就会有大侠的感觉,我长大后一定要做潇洒的大侠。"

听了这话,素媛有些惊讶,她眉头紧皱,想着:这孩子怎么会有这样的想法,是因为看哪个动画片出了问题吗?或者因为我陪他的时间少,他习惯了孤独?

素媛越想越觉得可怕,她觉得这样下去,诚诚以后要么会自闭,要么就会有社交障碍。像诚诚这个年纪的孩子,就应该和小朋友一起玩游戏,一起打打闹闹,那样才正常呀!于是,素媛对诚诚说:"儿子,你不要总想着一个人,你现在应该多和小朋友在一起,一起玩,一起谈心,这样的生活态度才是积极的、阳光的,你才会健康成长呀。你现在这么不合群,总是一个人玩,大家会觉得你是一个特殊的孩子,以后也不会和你玩的。"

诚诚听了妈妈的话,不假思索地说道:"不玩就不玩,我真的是更喜欢一个人安静地待着,妈妈,您怎么总劝我去打闹呢?您不觉得这很幼稚吗?"

素媛被诚诚问得哑口无言,她转念一想,既然说服不了那就直接行动好了。于

> 妈妈觉得你还是多认识几个朋友的好,跟朋友一起可好玩了!

> 妈妈,我不想去,我不喜欢和小孩子一起玩,没意思。如果你已经约好了,那周末你去玩吧,我在家看书。

是她决定约几个朋友带着孩子一同去郊游，打算趁此机会让诚诚多认识几个朋友，等他尝到了和朋友一起玩耍的快乐滋味，以后自然就知道交朋友的好处啦。

到家后，素媛立刻就开始给朋友打电话，诚诚在一旁听到电话内容后便问素媛："妈妈，你这是打算约大家一起去郊游吗？可之前不是说好了，就我们两个人去吗？我想一个人玩。"

素媛解释说："妈妈觉得你还是多认识几个朋友的好，跟朋友一起可好玩了！"

诚诚严肃地说："妈妈，我不想去，我不喜欢和小孩子一起玩，没意思。如果你已经约好了，那周末你去玩吧，我在家看书。"

素媛心里有些着急，反问道："你难道不是小孩子吗？"

诚诚摇摇头："反正我是不会去的，我再说一遍，我就是喜欢自己一个人待着！"

素媛非常无奈，只好又打电话取消了约定，虽然心里急躁，但她了解儿子的个性，也不敢去强迫孩子。

对于素媛的担忧，想必很多父母都是可以感同身受的。我们总是希望孩子能够朝着我们所期望的方向去成长，总是想纠正孩子身上的种种"不完美"，让他们成为更优秀的人。然而，我们却不曾想过，我们到底凭什么去定义什么样的孩子才是"优秀"的呢？

其实，像诚诚一样性格的人在我们身边并不少见。试想一下，如果这样的性格放在一个成年人身上，我们可能会觉得这个人深沉、睿智等，并不会觉得他这样的性格有什么问题，那么，为什么放到孩子身上，很多父母就会觉得有问题呢？难道孩子就一定得爱热闹，就一定要喜欢和同龄的小朋友聚在一起玩吗？为什么小朋友就不可以沉稳，不可以自己一个人玩呢？

所以，如果您的孩子是一个沉稳且内向的孩子，只要心理上没有什么异常，就不要过多地去责备或纠正他，每个孩子都是不同的，他并不觉得自己哪里有问题，但如果你处处指责他，会给孩子带来极大的伤害。

我们常常能听到一些家长着急地指责孩子："你怎么小小年纪跟个老头一样？""你个闷葫芦，能干得了什么！"……家长说出这样的话，或许只是一时情绪激动所致，但这种指责对孩子来说却是非常大的伤害，只会让孩子变得越来越自卑。可孩子又有什么错呢？他们或许只是顺从自己的本心，做自己想做的事情而已，但你的指责却给了他们一种心理暗示：你不行，你不对。

再有，像素媛一样，打算强行将"不合群"的孩子拉到"人群"中的父母也不在少数，然而事实上，这种强行拉拽的行为，只会让孩子有一种被迫的感觉，从而更加厌恶与人群接触。这就好比你不爱吃香菜，可有人非要把香菜往你嘴里塞，你会是怎么样的感觉呢？

性格本来就内向的孩子，非要被拉去和性格开朗的小朋友在一起，这只会让他们感到格格不入、无所适从，形成极大的心理压力。在这个过程中，甚至可能会产生自卑情结。更重要的是，在父母的"暗示"下，他们也会觉得自己的所作所为，甚至自己的喜好都是不对的，从而产生极大的挫败感。

其实，无论是性格内向沉稳的孩子，还是性格活泼开朗的孩子，只要心理和行为上没有明显的问题，都是不需要父母去过度纠正的。

孩子不是流水线上的产品，我们不应该用一个所谓的模板去改造他们。只要身心健康，生活快乐，那就是孩子最大的幸福。面对不同性格的孩子，我们可以用不同的教育方式去教育他们。孩子的性格敏感偏激，那么我们就温声细语地去引导他们学会控制情绪；孩子的性格特立独行，那么我们就给予肯定和支持，带他们去拓宽视野，认识世界；孩子的性格比较散漫，那么我们就可以用严肃的态度去教育孩子，让孩子意识到事情的重要性……

总之，每个孩子都是一块原石，每块原石内都有一块无瑕的美玉，请呵护好孩子与众不同的性格，那是孩子一生的财富。

## 孩子虽然小，
## 也是需要尊严的

很多父母在教育孩子的时候，常常不分时间和场合，甚至因为生气而口不择言，对孩子说出过分的话。这些父母可能觉得，既然孩子做错了事，那么就应该承担做错事的后果，凭什么自己还要去体谅他们呢？而且，不过就是骂几句，身上又不会掉一块肉，哪里就这么严重了？

要知道，即使是成年人，被人不分时间和场合地指责，也并非人人都能承受的，更何况是孩子呢？孩子虽然小，但也是需要尊严的。我们批评孩子，为的是让他们改正错误，而不是要和他们"结仇"。如果这种批评伤害到了孩子的尊严，那么反而可能激发他们的叛逆情绪。更重要的是，这样的责骂并不能让他们明白自己究竟错在哪里，又何谈改正呢？

# 批评孩子时要注意说话方式

**烦恼小档案**

姓名： 欣欣

身份： 四年级1班的班长

困扰： 没有征得父母的同意，私自拿钱请同学吃饭

结果： 爸爸妈妈严厉地批评了我，我认识到了错误

欣欣今年刚上小学四年级，因为学校离家不算近，所以中午常常在学校食堂吃饭。

刚开学的时候，班里改选班干部，欣欣被推举做了班长。于是，在几个同学的起哄下，欣欣便答应请他们到学校外头的餐馆"撮一顿"。

这天中午，欣欣兑现了自己的承诺，带着几个同学一块去了餐馆。正当他们几个高高兴兴地吃着饭时，班主任杨老师刚好从这里路过，欣欣吓了一跳，以为杨老师要进来抓他们，但是杨老师并没有过来询问情况，而是径直地走开了，这让欣欣松了一口气。

结果没想到，下午放学刚回到家，妈妈就问欣欣："中午是不是请同学吃饭了？"

欣欣支支吾吾地说："是……这样的，上周我被同学们推举为班长，所以，他们要我请客。"

妈妈皱起眉头："别人让你请你就请呀，他们在欺负你不知道吗？你们才上小学，动不动就请客，这是什么风气啊！"

欣欣低着头小声说道:"他们也请过我呀,我只不过回请一下人家。"

妈妈叹了口气,接着问欣欣:"那你请客的钱是从哪里来的呢?"

"是……是从家里放钱的抽屉里拿的。"欣欣小声地说。

妈妈气得将欣欣推到一边,严肃地说:"家里放钱的抽屉?那个抽屉你怎么能随便动呢?"

欣欣低头站在墙边,默默抽泣着。

妈妈又追问:"抽屉的钱能随便动吗?"

"妈妈,你那天不是说,钱放抽屉里了,用就拿吗?"欣欣小声地问。

"那是对爸爸说的。"妈妈说。

"可是……"欣欣更小的声音说,"我也是家庭的一员呀!"

妈妈强忍着怒气,对着欣欣高声骂道:"你这是狡辩,知道自己错在哪里了吗?"

"我……我不该拿抽屉里的钱。"欣欣低着头,委屈地哭了。

"还有呢?"妈妈又问。

"我也不该请小朋友吃饭。"欣欣嘟哝着。

"你先在那儿站一会儿吧,自己好好反省反省。"妈妈依然生气,继续回到厨房里做饭。欣欣则站在墙边小声哭泣。

这时候,爸爸走了过来,问欣欣:"欣欣,你觉得自己错在哪儿了?"

"我不该偷拿钱。"欣欣说。

"那没钱怎么请小朋友吃饭呢?"爸爸又问。

听到爸爸这么问,欣欣抬起了头,一脸疑问。

爸爸说:"欣欣,爸爸不喜欢你用'偷'这个字,因为这也是你的家,抽屉里的钱是我们每个成员的,你可以拿,不是偷。"爸爸顿了一下,继续说,"但是,你们现在还小,主要的任务是要好好学习,不要学习社会上那些互相请吃请喝的不良风气。好朋友不是通过吃吃喝喝交到的,真正的友谊是学习上的互相鼓励,遇到困难时的互相帮助。"

欣欣停下了哭泣,点了点头。

爸爸又说:"妈妈生气并不是你花了家里多少钱,而是怕你学坏。"

"嗯,爸爸,我给妈妈道歉去,我惹她生气了。"说完,欣欣跑去找妈妈,妈妈在厨房听到了他们父女的对话,心情渐渐放松了。

"我知道错了妈妈,以后一定会改的。"欣欣说。

妈妈抱住欣欣,说:"好吧,妈妈相信你,知错就改还是好孩子。"

孩子虽然小,但同样也是有尊严的。妈妈在批评欣欣的时候,因为生气,所以没有注意自己说话的分寸,这样的批评除了让欣欣觉得委屈和难过之外,是不能真正让她明白自己究竟错在了哪里的。爸爸则不同,他首先肯定了欣欣的"家庭地位",让欣欣明白,她同样也是家里的一员,拿家里的东西并不是偷。然后,他又用平静温和的话语和欣欣交流,一步步引导她明白自己究竟错在了哪里,应该怎样做才对。这是对孩子的尊重,只有在尊重中成长的孩子才会更懂得尊重别人。

## 父母的态度可能会决定孩子的一生

孩子的心灵是很脆弱的,像玻璃一样易碎,打碎容易,再粘起来可就难了!作为父母,千万不要再把孩子当成自己的附属品,以为呼来喝去地打压就可以让孩子变得听话。其实,孩子是有自己的想法的,遇到问题时请多站在孩子的角度看待问题,了解孩子的想法和兴趣,不要随随便便伤害孩子的自尊。

曾看到过一个参与了盗窃团伙的少年犯写给父亲的一封信,信中是这样写的:

爸爸,我这样你高兴吗?我之所以走到今天这步田地,正是你逼的。

小学六年级的时候,我们学校组织秋游。我向你要20元钱,你一把把我推到一边,不耐烦地塞给我6元钱。我再跟你要时,你冲我大声吼,像丢弃一个垃圾一样把我一个人丢在那儿自己走了。

秋游时，我看到同学们都背着一堆好吃的，还在小商贩那里买自己喜欢的好吃的、好玩的，而我手里只攥着那6元钱。中午的时候我特别饿，花了2元买了水，4元买了两个包子。

这些东西，我怎么能吃饱？此时，我看到同学的书包里有钱，而那钱就像是跟我招手一样，我忍不住下了手，用那些钱买了很多好吃的。

让我没想到的是，我偷钱的时候被另一个同学看到了，他当时没有声张，而是悄悄告诉了老师。老师严厉地批评了我，然后把你找了去，结果到家后，你骂我："天生就是个贼，不好好学习，居然做这样伤风败俗的事！"

那天你狠狠地打了我，然后把我锁在屋里。那个晚上我想了很多，如果不是因为你给的钱少，如果不是因为我饿，我怎么可能去偷？你却说我天生就是个贼，那我就做贼给你看。

从那之后，我开始自暴自弃，经常去偷别人的钱。后来，我加入了以偷盗为生的团伙，今天我被关在了这里，爸爸，你高兴吗？我天生就是个贼！可笑吧？

很多时候，人生的选择往往就在一念之间。而对于孩子来说，最能影响他们决定的，就是父母的态度。父母脱口而出的一句鼓励，或是愤怒之下的一句指责，都可能成为影响孩子一生的契机。

正确的家教方式，应该是在孩子犯了错误之后，找出恰当的方式方法，引导孩子以积极的心态自我反省，以乐观的心态改正错误，让错误成为他们成长中的垫脚石，并促使他们不断超越和完善自我。

劝孩子迷途知返的方法很多，而无论哪一种，都应该是建立在对孩子的理解和尊重上的。孩子再小，也是有自尊心的，只有建立在尊重基础上的教育才是能够深入心灵的教育。

# 多一点夸奖，
# 孩子自己天天向上

虽然"棍棒底下出孝子"的教育理念已经渐渐被鼓励式教育所取代，但是直到现在，依然还有很多父母采用惩罚式教育方法管教孩子，孩子但凡做错一点点事情，就会遭到训斥，有些过激的家长甚至还会对孩子挖苦讽刺，因为担心孩子骄傲自大，有时候哪怕孩子做得很好，这些家长往往也会吝啬自己的夸赞。这样的教育方式对孩子来说，其实是非常无益的。

卡耐基说过："赞美和鼓励可以使孩子发挥自己的最大潜能，特别是妈妈们的赞美，更是最好的方法。"无论孩子年纪多大，无论他们做的事情如何，每个孩子最初做一件事时，绝对不会想要故意搞砸，只是因为他们的智力有限或者体力有限，才无法完成这项任务，在这种时候，失败本身对于孩子来说已经是一种煎熬了，如果父母还去责备或惩罚孩子，那么对孩子来说无疑是沉重的打击，有的孩子可能会因此而产生恐惧，再也不敢进行新的尝试，有的孩子则可能因此而产生叛逆情绪，变得性格偏激。

## 孩子需要多多鼓励

很多父母在辅导孩子做作业的时候，可能会因为孩子总也无法把题目做好而大发雷霆，但在这种情况下，父母越是生气，孩子就越是没法把题目做出来，因为这个时候，他们的心已经乱了，根本没有办法再把心思集中在题目上。

看着暴怒的父母，他们可能会担心："太吓人了，我该怎么办，他们会打我吗？"也可能会想："妈妈这么生气，气坏了怎么办？"还可能会万分委屈："我根本不会做，你们发火有什么用呢？"……总之，孩子的专注力已经随着父母提高的嗓门消失了，在这种情况下，哪里还会有心思去想做题的事？

其实，哪个孩子不想将家庭作业完成得漂亮呢，哪个孩子是故意将题目做错的呢？至于父母，之所以会急躁不外乎两种原因，一是觉得孩子上课没有认真听讲，认为孩子不爱学习；二是觉得孩子做作业注意力不集中，一心多用。

但是，不管孩子究竟是不是出于这两个原因才无法顺利完成作业的，父母的怒火和责骂都是无济于事的。因为如果问题确实出在孩子身上，那么这些责骂只会让孩子对学习越发反感；而如果问题并非出在孩子身上，那么这些责骂则只会让他们感到委屈和憋闷。无论哪一种结果，显然都不是父母想要的。

很多时候，孩子真正需要的，并不是父母义愤填膺的批评，而是能在人生道路上指引他们的鼓励和帮助，尤其是当陷入挫折与失败中时，他们真正需要的是"加油"，而当他们取得成功时，他们真正需要的则是肯定。

嘉嘉今年刚上小学五年级，成绩一般，在班上只是排在中游水平。这段时间，嘉嘉突然开始对自己的学习成绩在意起来，但努力了一段时间之后，他发现自己的进步并不是特别明显，于是便很落寞地问爸爸："爸爸，我是不是天生就比别人笨啊？我和我同桌一样认真地听老师讲课，也一样认真地做作业，可为什么他能考第

> **烦恼小档案**
>
> 姓名： 嘉嘉
>
> 身份： 五年级
>
> 困扰： 我总是没有同桌考得好，我是不是很笨
>
> 结果： 爸爸一直鼓励我，让我只跟自己比

一名，我却只能处在中游？"

爸爸想了想，用慈爱的目光看着嘉嘉，缓缓地说道："我觉得你很厉害，你不是一直都在进步吗？虽然还没有到第一名，但是你一直在进步，只要继续保持下去，爸爸相信你会越来越好的。你不需要总是去和别人比，只要你每一次都能比上一次进步，你就是赢家。"

爸爸的话让嘉嘉心里好受了些，对自己也稍微有了一些信心。但这种信心并没有持续很久，在不久后的一次考试中，虽然嘉嘉的名次又进步了，但看到同桌还是第一名的时候，嘉嘉心中不免再次涌上了难过和失落的情绪。

回到家后，嘉嘉对爸爸说："爸爸，为什么我都这么努力了，却还是考不过我同桌？我觉得我可能真的很笨，明明我们天天一起上课，一起写作业，可到头来我只排在第十五名，而他还是第一名。"

爸爸听了这话，依然笑着摸摸嘉嘉的头，说道："你的名次和成绩不都在进步吗？你可以觉得

同桌了不起，向他学习，但是不要怀疑自己，我的儿子一定是最棒的，爸爸相信你以后会越来越好的！"

回顾一下，我们发现，嘉嘉的进步始终离不开爸爸的鼓励与支持。在嘉嘉迷茫的时候，在他对自己失去信心的时候，是爸爸的鼓励给了他继续前进的动力。

其实，很多时候，孩子最需要的就是父母的赞赏。每个人的演出都是需要观众的，而父母就是孩子最重要的观众，父母的"掌声"正是他们自信的原动力。

## 经常被肯定的孩子才会更出色

无论是谁，无论年龄大小，都是希望被肯定、被赞赏的，孩子更是需要在鼓励和肯定中成长。但很多父母却没有意识到这一点，他们总担心孩子会骄傲自满，总想给孩子树立一个"假想敌"，以此来激励孩子努力学习。殊不知，这样反而可能会打击孩子的自信，甚至激发孩子的逆反心理。

回顾一下我们的童年，类似这样的话想必你也曾听过：

"你看看咱邻居家的孩子，成绩那么好，你们俩天天一起上学、放学，周末还一起玩，你的成绩怎么就一点儿也没长进呢？"

"明天去你姑姑家玩吧，你姑姑家的妹妹又考了一个第一，你去看看人家是怎么学习的！"

"我今天看到你们上体育课了，怎么人家站得那么直，你却弯着腰呢？"

"你还好意思跟人家果果在一起，人家钢琴都可以考级了，你呢？手指头还没分开瓣呢！"

回想一下，当我们还年幼时，听到这类话，究竟是什么样的感受。想必不会觉得开心吧！甚至可能产生抵触和厌恶的情绪。所以，以后不要再用这样的方式去教育自己的孩子了，别在他们幼小的心灵上留下一道道伤口，别用这种尖锐的方式摧毁他们的自信。

孩子是需要在赞美与肯定中成长的,父母请不要吝啬自己的赞美之词,多给孩子一点肯定吧,在你们的鼓励之下,孩子自会天天向上,信心百倍,即便遇到困难也能勇敢克服,勇往直前。

# 请用放大镜
# 去看待孩子的优点

我们常常说，赞扬与鼓励可以激发孩子的潜力，是培养自信宝宝的重要法宝。因此，作为父母，一定要学会拿着放大镜去看待孩子的优点，及时地给予他们肯定和表扬，这样下去，你们一定会发现孩子有了惊人的进步。

在日常生活中，很多父母在教育孩子时，可能会出现两种非常极端的情况。一种是喜欢把孩子批评得一无是处，总是拿"别人家的孩子"或者网上的某些"标准"去对比，不停地从孩子身上找问题，批评孩子；另一种则是恨不得把孩子夸成旷世奇才，无论孩子做什么都觉得孩子了不起，把孩子吹捧得天上有地上无。很显然，这两种情况对孩子的教育来说，都是不对的。

父母应该明白这样一个问题，我们之所以要放大孩子的优点，表扬和赞赏他们，目的是给孩子增加自信，促使孩子向更好的方向努力，从而取得更大的进步。因此，在表扬和赞赏孩子的时候，一定要聚焦于他们身上真正值得肯定的优点和长处。只有这样，才能真正给孩子一个正确的努力方向，避免让孩子建立起盲目的自信。

## 放大孩子的优点

表扬和赞赏对孩子的引导与教育到底有多大作用呢？我们不妨以生活中最常见的一个场景为例来说明，同时这也是很多年前就在讨论的问题：孩子摔倒了妈妈需要做些什么？其实，大多数妈妈可能也就以下两种做法：

第一种，就是立即跑到孩子跟前，搂着孩子心疼地询问："宝宝，摔疼了吧？"

在这种情况下，孩子往往会委屈得眼泪直流，哭着对妈妈说："好疼，好疼啊。"因为妈妈看到孩子摔跤后所流露出的暗示就是摔跤很疼，你很疼，你要哭，你要难过。在这样的氛围中长大的孩子，心智通常会较为幼稚，妈妈的过多保护和暗示只会让他们变得娇惯起来。

第二种，就是站在一旁，淡淡地说："没关系，自己爬起来。"此时，孩子可能便会若无其事地爬起来，又继续奔跑着去玩了。

这种教育方法也是近些年所提倡的，需要注意的是，这种心理暗示虽然是积极的，但是容易培养出冷漠的孩子。如果孩子站起来后，妈妈适时地加上一句："你真是一个勇敢的好孩子！"那么，孩子就会更为积极地认识到自己爬起来的姿态是勇敢的表现，而并不是自己摔倒妈妈不心疼。及时拿出放大镜来抓住优点表扬，才是鼓励教育最基本的法则。

一方面，孩子尚且年幼，对自己的潜能、长处和不足是缺乏明确认识和把握的，很多时候，他们对自己的定位，和对某些事情的反应，往往都来自周围人的反应，尤其是父母；另一方面，孩子的思想也不够成熟，他们在判断一件事时，往往会根据最直观呈现出来的东西去下结论。比如，摔倒后妈妈没有表现出关心和心疼，可能意味着妈妈不爱他，被妈妈训斥可能意味着妈妈讨厌他，等等。

因为对自我认知的不成熟，很多孩子在遭遇打击和挫折的时候，甚至会把目光全部放在自己的缺点上，根本看不到自己的优点，从而对自己失去信心。此时，就需要父母出场了。戴上放大镜将优点指给他们看，以此强化孩子对自我的积极认识，帮助孩子发现自身的巨大潜能和优点，使他们相信，从自己的优点出发，持之以恒、坚持不懈地努力下去，就一定能取得成功。

但是，因为每一代人受教育的方式不同，很多父母对肯定式赞扬的教育方法还不适应，仍旧会选择普遍的谦虚式教育。谦虚固然是一种美德，但很多时候，父母过分的谦虚很可能会成为摧毁孩子自信的利器。

涵涵的爸爸是个很谦虚的人，无论是在同事、朋友们那里，还是在学校里，聊到自己的孩子时，最常说的话也就是以下几种：

"哪里呀，我儿子可不是像你说的那么省心。"

"唉，别这么说，我家涵涵估计没有多大出息，将来凑合上个普通大学就得了。"

"他压根就不是学习的料，这学简直白上了。"

"考得好？你们可不知道考前我陪着他做了多少题。脑子慢，没办法。笨鸟先飞吧。"

……

这些话在成年人看来无非是一些自谦的话，也就是随口一说，且话中也可以看出爸爸内心的得意，但是，对于一个上小学三年级的小朋友来说，他听到的只有批评，甚至渐渐感觉自己可能就像爸爸说的那样，没出息、脑子笨等。

在爸爸的"谦虚"下，涵涵变得越来越不自信。有一次，在听到爸爸又一次"谦虚"地和别人说他不好时，涵涵低落地问妈妈："妈妈，我是不是真的特别笨，以后也不会有大出息啊……"

涵涵的话让妈妈觉得很心疼，她怎么也没想到，大人随口的几句谦虚之词，竟然会让涵涵感到这么难受。当天晚上，妈妈就把这事告诉了爸爸，夫妻俩认真反思后，终于认识到自己的谦虚确实伤害了儿子。

其实，爸爸一直认为涵涵是自己的骄傲，但是又觉得别人表扬时自己应该谦虚一下，结果没想到，却让涵涵因此失去了自信。

于是，爸爸开始尝试克服过分谦虚的毛病，在涵涵面前，一句话、一个动作、一个眼神等都以最积极的态度去表达，也不再吝啬自己的赞扬，力求能给涵涵正面积极的暗示。之后，当有人再提及涵涵时，爸爸一定会说："谢谢，孩子平时确实很努力。"与此同时，他也加大了对涵涵的表扬，将之前那些"谦虚"的话语改为：

"我儿子怎么这么聪明呢？我需要想1小时才能做出来的题，儿子不到5分钟就想出来了！"

"好儿子，这件手工做得太精致了，你的想法太有创意了，真棒！"

哪怕有时涵涵做了错事，或者考试失误没考好，爸爸也会信心满满地对儿子说：

"既然你已经知道自己的问题所在了，那么我相信只需要用点心，下次一定会更棒。"

其实，孩子的自我认识能力和自我价值肯定能力是很欠缺的，这时他们需要父母的指引和点拨，如果父母给他们的是表扬和赞美，那么他们就会认识到自己的优秀，从而建立起自信。

相反，如果父母总是给他们负面的反馈，那么他们就会陷入自我怀疑，从而失去自信。所以，当父母观察到孩子的优缺点后，不要一味地"谦虚"，而是应该有针对性地引导孩子调整自己的状态，从而变得更加优秀。

不要吝惜你对孩子的赞美之情，要知道，当你说出"闺女，加油，相信你是最棒的""别人能做到的，儿子你一定也能做到""宝贝，妈妈为你骄傲"这类赞许之辞时，对孩子来说是多么大的鼓励。

每个孩子身上其实都有一大堆的优点可以发掘，不是非得成绩好，脑子聪明，才值得被夸赞。父母只要留心观察，一定会发现孩子远比我们所以为的要优秀。

也许他们学习成绩不算好，但他们可能诚实、善良；也许他们脑子不够聪明，但他们可能勇敢而有担当。这一切不都是可以夸赞的优点吗？所以，别再对孩子有诸多苛求了。拿起放大镜，好好看看他们身上的优点，你会发现，你的孩子就是这么优秀，而他们，也会在你的肯定与夸赞中变得越来越好！

# 孩子希望你接纳他的"不够好"

有很多孩子，平时是非常活泼的，但一到课堂上，就会变得扭扭捏捏，连发言的声音都小了许多。为什么会这样呢？其实这并不奇怪，每个孩子都有表现欲，都希望自己能把每一件事做得尽善尽美。他们渴望得到父母和师长的肯定，他们也怕犯错，也会担心自己因为做得不够好而受到别人的嘲笑与批评。

然而，我们其实都知道，"金无足赤，人无完人"。在这个世界上，哪有十全十美呢？人当然也无法成为完美的人。可对于孩子来说，他们面对身上存在的"问题"是非常不自信的，如果父母不能接纳和包容这些"问题"，接受他们"不够好"的一面，那么将会让他们更加没有自信，充满怀疑，甚至产生自卑心理。作为父母，让孩子学会接受自己的"不够好"，也是教育中非常重要的一环。

一个人无论有多优秀，自身必然会存在缺点和错误，特别是孩子，年纪小、阅历浅、心智尚未成熟，怎么可能事事都做得周全呢？所以父母在严格要求孩子的同时，也要告诉孩子，我们是可以接受你们的缺点的，哪怕现在不够好，只要努力，也能让自己变得越来越优秀。

## 让孩子认识到错误

**烦恼小档案**

姓名： 承承

身份： 小学生

困扰： 因为想着玩儿，忘了老师交代的事情

结果： 认识到了自己的错误，要做一个知错就改的孩子

承承的爸爸妈妈是学校家长委员会的成员，他们教育孩子的方法就值得很多人学习。

有一次，轮到了承承的小组值日，他们值日的时间比较特殊，是周五。这天老师不会检查值日情况，而是会等到周一再来检查。平时天气太热，门上的小窗户是常开的，但周末为了安全，一定要关好。所以，在放学临走前，班主任李老师特意叮嘱承承："今天你们打扫完卫生后，记得把教室的窗户和门关好。"作为组长的承承满口答应，却没有往心里去，只想着约了小伙伴下楼玩的事情。因为太着急，扫完地之后，承承就匆匆忙忙地背着书包回家了，把关窗户的事情忘得一干二净。

星期一早上，承承刚走到教室门口，就听见李老师在教室里面询问自己小组的同学："是不是你们没有关窗户就走了？"

其中一个同学回答："我们没有看到窗户开着。"

李老师说："组长没有提醒你们关窗户吗？"

"没有。"同学们异口同声地回答。

这时，承承赶快跑到李老师面前，说："对不起，李老师，是我忘了。"

"忘了吗？"李老师叹了口气说，"就是怕你们忘记，所以我才特意叮嘱你的，怎么还能忘了呢？"

承承低着头，继续道歉："对不起，老师，我知道错了。"他觉得自责极了，因为着急回家玩，竟然把老师的话给忘了。

最后，李老师惩罚承承他们小组负责一周的全部值日。

承承心里难过极了，他觉得都是因为自己没有完成好老师交代的任务，才连累了其他同学。

回到家后，妈妈看到承承闷闷不乐的样子，便担心地问道："承承怎么了？谁惹你不高兴了？"

承承看到妈妈，哇的一声哭了，把今天在学校发生的事情一五一十地说了出来，承承妈妈听后却笑了笑，她并没有指责儿子的粗心大意，而是摸着儿子的头，温柔地说："别难受，咱们认真吸取这次的教训，下次做事细心点就是了。"

"我真没用，连这么简单的事情都做不好！"承承非常沮丧，整个人都一副无精打采的样子。

"傻孩子，谁都会有因为粗心犯错误的时候，爸爸妈妈也犯过这样的错误呢。"承承妈妈拍拍儿子的肩膀，讲起了自己和爸爸的糗事。

承承认真地听着，时而还点评两句，最后承承问："那你们不难过吗？"

"不难过呀，"承承妈妈说，"知错就改就是个好孩子！我们认识到了错误，而且以后再也没有犯过类似的错，当然就不会难过啦！"

承承点点头，脸上露出了释怀的笑容："那我以后一定注意，再也不犯这种粗心的错误了。"

没有一个孩子会喜欢"犯错"，很多时候，在错误发生的那一瞬间，他们其实就已经足够自责了。所以，当孩子犯下错误时，父母不要急着去批评他们，而是应该先把情况弄清楚，如果孩子本就已经对自己的错误耿耿于怀，那么父母就不要再对他们施加压力，以免打击到孩子。当然，如果孩子在犯错之后，还没有意识到自己的错误，那么父母的批评和指正也是非常必要的。

我们真正要教会孩子的，不是"永远不犯错"，而是在做错事情之后要勇于改正，同时也要学会原谅自己，接受自己的"不完美"。

## 让孩子接受自己的不完美

著名的金融投资家索罗斯把"接受不完美"作为其人生信条，他说："对我来说，承认自己的错误是一种骄傲，一旦我们认识到理解上的不足是人类的先天性特征，犯错就没有耻辱可言，耻辱的只是不能纠正错误。"

没有哪一个人是完美的，谁又能不犯错误呢？当我们的孩子犯了错误时，我们应该引导他们把经验和教训看作宝贵的礼物，告诉他们"吃一堑，长一智"的道理，让他们学会从错误中积累经验，磨炼自己，而不是沉浸在阴霾的情绪中无法自拔。

每个孩子都想将最好的一面展现在别人面前，特别是父母，同样，他们出现问题后最担心的也是遭到父母的责备。对孩子来说，本来他们"不够好"时，就容易对自己失去信心，这个时候，他们最需要的，是来自父母的鼓励与安慰，如果连父母都不能接受"不够好"的他们，那么他们又怎么可能重建内心的自信呢？

请记住，最好的对待孩子犯错的方法，就是有效地教育。既要指出孩子所犯错误的严重性，又要告诉孩子错误是可以改正的，父母可以接受"不够好"的你，但是不可以接受"不变好"的你。

## 即便孩子不如你意，也不要对他百般挑剔

现代家庭出现了两种极端的育儿方式，一种是自己家娃好，谁也比不上；另一种是自己家娃差，比谁都差。前者的溺爱可能会让孩子变得娇惯起来，而后者所带给孩子的伤害，更是远远超乎你的想象。

网络上常常能看到这样的段子："平日母慈子孝，作业鸡飞狗跳。""给你一个杠杆未必能撬动地球，但给妈妈一本作业，她便可以撼动整个小区。"……由此可见，辅导孩子写作业这件事，已经成了很多父母心头的痛。然而，从孩子的角度来说，每天被父母又骂又吼，一会儿嫌字写得不工整，一会儿嫌题目做得不对，这又何尝不是一种痛呢？

有很多父母，在陪孩子玩的时候，觉得孩子很可爱，因为在那个时候，父母对孩子是没有要求的，哪怕孩子犯了错，也会觉得是件快乐的事。可一旦对孩子有了要求之后，父母就会发现，孩子身上有很多不如意的地方，仿佛这也做得不好，那也弄得不对。但其实，孩子还是那个孩子，不同的，是父母的心态。

父母为什么会对孩子产生评价标准呢？其实，最根本的原因就是"对比"，尤其是这种对比又无法通过父母的努力而改变时，他们就会对孩子百般挑剔。

## 欣赏他的优点，接纳他的不足

试想一下，当孩子还小的时候，父母总会担心孩子的各项发育出现问题，当他们6个月还没有长牙时，父母或许会担心孩子是不是缺钙，或者存在什么问题，但肯定不会对着孩子发火："你怎么还没有长牙！别人都长了，你还不长，为什么！"因为这个时候，父母清楚地知道，这种事情仅靠孩子自身努力是没有用的，只有父母可以给予他们帮助。所以，训斥孩子没有任何意义。

但孩子的学习成绩就不一样了，这是一件可以和别人去比较的事情，并且这种对比的结果父母是无法插手的，只能靠孩子自身的努力去改变。于是，父母便会开始提各种要求，督促孩子努力提升成绩。

但是，你想过吗？孩子的学习成绩同样也会受到众多因素的影响，父母不能只将问题归因于"孩子不努力"，这对孩子是很不公平的。

除了学习成绩之外，其他很多事情也是如此，当我们的孩子存在某些不足，或在某件事情上做得不够好时，并不代表就一定是他们自身的问题。要知道，在这个世界上，并不是所有事情都可以只通过努力就能成功的。即使孩子没有如我们所愿，成长为我们理想中的样子，我们也不该对他们百般挑剔，而是应该学会欣赏他们的优点，接纳他们的不足。

每个孩子都是独一无二的，有自己独特的性格和优势，作为父母，我们真正需要做的，是给予孩子足够的肯定和信心，引导他们发现自己的优势，提升自己的能力，从而变得越来越出色。

千万不要因为孩子的某些不足就给孩子贴上"不好"的标签，因为你今天无意间贴的标签，很可能会成为孩子永远的痛。

有一个年轻人，他的父母是老师，平时对他要求很严格，家里甚至一直都实行着军事化的管理。这个年轻人非常优秀，但他有一个毛病，那就是不管做什么事，总是犹犹豫豫的，很难果断做出抉择，有时候哪怕选定了，也会左右摇摆，三番四次地更改自己的决定。

要说这毛病，根源其实还是在于这个年轻人所受的家庭教育。他的童年看似过得很幸福，爷爷奶奶是公务员，父母又是老师，而且家里只有他一个孩子，可以说是一家人赚钱供他花，家庭条件算中等偏上。在其他小朋友放学后只能啃馒头的时候，他就已经吃上了面包；在其他小朋友还要手动削铅笔时，他就已经用上了自动铅笔。

但实际上，他却并没有因此而感到快乐。他不能放肆地和小朋友们一起玩；他的学习成绩不能落后于人；无论何时，他都必须保持着规矩和礼貌。不管做什么事情，他但凡不能达到父母的期望，就会遭到父母的百般挑剔。

在这样的压力下，久而久之，他每次在做事情之前，都会不断怀疑自己的选择是否正确，自己的做法会不会被父母挑剔。一直到现在，虽然他已经意识到自己存在的问题，也在努力克服自己的心理缺陷，但每次遇到事情的时候，还是会显得优柔寡断，难以果断做出抉择。

## 少一些数落，多一些宽容

孩子的成长过程，实际上也是一个自我认识的发展过程，他们会通过别人的评价、态度来给自己下定义，并不断地修正自己。而在这些评价中，最关键的就来自父母，如果父母时常夸奖孩子，肯定他们的优点，那么孩子的内心就会觉得"我是最棒的！"从而建立起自信，成为自信、乐观、独立、勇敢的人。但如果父母总是否定和嫌弃孩子，那么久而久之，孩子就会陷入自我否定和自我质疑之中，失去自信，就像然然。

然然是一个非常可爱乖巧的女孩，虽然她的性格有些内向害羞，但是非常懂事，有修养，与其他小朋友相处起来也很融洽。但然然对自己总是很不自信，每当有人夸奖她的时候，她总是一副手足无措的样子，低下头说着："没有，我做得不好，真的不好……"

然然之所以会有这样的表现，问题其实出在她的妈妈身上。然然的妈妈是个非常漂亮优雅的女人，一直立志要把然然培养成有教养的小淑女。从很小的时候开始，妈妈对然然就有着非常严格的要求，不管做什么事情，都要求她做到尽善尽美。所以，一直以来，然然从妈妈口中听到最多的，就是各种批评和数落，渐渐地，然然也觉得，就像妈妈说的，自己这也不好，那也不行……

然然的妈妈一直数落批评然然，不代表她就不爱然然，或是真的觉得然然有多么不好。对于妈妈来说，她对然然要求高，只是希望然然能成为更优秀的人，对然然寄予了厚望，然而，她却忽略了自己的态度与言行会给然然造成的影响。

在我们身边，像然然这样的孩子有很多，像然然妈妈这样的家长同样也有很多。这些家长对孩子百般挑剔，未必就代表他们真的觉得自己的孩子一无是处，他们只是觉得，孩子没有达到自己的要求，所以希望通过批评和教育的方式，来让孩子变得更加优秀。然而事实上，这种方式不仅无法促使孩子进步，反而可能让孩子在父母的百般挑剔中失去自信，真是得不偿失呀！

苏联教育家马卡连柯曾说："取笑会使人失去自尊，没有自信。对于正处在培养自尊和自信关键时期的孩子来说，家长在任何时候都不要取笑自己的孩子。"

所以，作为父母，即便自己的孩子不如你们的意，也请不要百般地去挑剔他们。要知道，"自尊"这个东西不只是成年人才有的，有时候，孩子的自尊心可能比成年人还要强烈。多给孩子一些宽容吧，接纳他们身上的一切优缺点，然后再慢慢地带着他们一步步地往前走，帮助他们正确地认识自己、树立信心，这才是作为"引路人"的我们应该做的。

## 抛弃偏见，
## 孩子隐藏的天赋可能令你惊叹

某机构曾做过一次问卷调查，发现很多父母提起自己孩子的时候，总会信心满满地说上一句："这孩子我是太了解了，一皱眉、一撅嘴我便能猜到他的小心思。""你别看我家孩子现在挺有礼貌，实际上，他顽劣无比。""唉！我家孩子不是那块料，你别看他现在好像有模有样的，实际上身上有几根毛我都一清二楚！"……

确实，从孩子一出生，父母就陪在身边，孩子的衣食住行，无一不是出自父母的安排，也难怪很多父母会觉得自己对孩子"了如指掌"了。但其实，孩子一直都是在变化的，有时父母所谓的了解，很可能只是对孩子固有的印象和偏见。只有当父母学会抛弃偏见，客观地去认识孩子、了解孩子的时候，才会发现，孩子身上或许一直隐藏着令人惊叹的天赋！

人本身就是非常复杂的，哪怕是朝夕相对的人，我们也不敢说能百分百地了解。父母对孩子其实也是一样的，哪怕天天在一起，我们也不一定能真正看到孩子的内心，了解他们到底在想什么。很多时候，越是说了解孩子的父母，其实恰恰越不了解自己的孩子。他们之所以会觉得自己了解孩子，其实都是自己制造的假象而已。他们真正了解的，不过是那个他们假想中的孩子。

## 父母不要对孩子带有偏见

**烦恼小档案**

姓名： 张松

身份： 小学生

困扰： 因为光想着玩儿，忘了老师交代的事情

结果： 认识到了自己的错误，要做一个知错就改的孩子

说，是不是你偷拿了家里的钱？真是不知悔改，从小就这毛病！

这真的是老师让我收的班里的生活费，不信你打电话问老师。

张松原本是一个很优秀的孩子，学习成绩不错，也很喜欢运动，还在班里担任着副班长的职务。对于这个工作，他一直是尽心尽力的，可以说是老师的得力助手。但是，有一天，张松突然说要辞去副班长的职务，原因是妈妈说他偷家里的钱。班主任觉得很奇怪，但问张松原因，他又闭口不谈，后来再三追问之下，他却突然哭了起来。

"老师，那天收生活费，有两个同学一开始没有交，我上交完回来后他们才交给我，当时后勤已经下班了，我就只好把钱带回家。但是，妈妈翻我书包时发现了钱，就非说钱是我偷家里的……"张松一边哭一边说，样子十分委屈。

对于这件事，班主任也大概了解一些，当时张松还特意向他报备过生活费没收齐的事情，只是没想到，后面居然还闹出了这样的风波。

了解完事情的前因后果之后，班主任便给张松的妈妈打了个电话，想把这事给解释清楚。可没想到，班主任才刚开了个头，张松的妈妈就生气地说道："老师，这小子跟您说什么了，您还替他打掩护？他这是老毛病了，小时候就偷过家里的钱，我还不了解他！"

"张松妈妈，以前我不知道，但这次的钱真的是孩子收的生活费。"班主任赶紧解释道。

"老师，我告诉您这个孩子就是不知悔改，他两岁时拿了奶奶家的钱，被爷爷打了一顿，小学一年级又偷拿了他姑姑家的巧克力，被姑姑训斥，您可不知道，他那个丢人呀！"张松妈妈激动地说，"这一次，我怎么跟他要他都不给，非说是生活费。我就告诉您，老师，这一次即使他说的是真的，那也不能证明他就没有从家里拿过钱。"

"张松妈妈，您太激动了。"

"得了，老师，钱他拿学校去了，这孩子做不了班长，以后别让他收钱了啊。"张松妈妈坚定地说。

最终，这场谈话不欢而散。电话刚挂断，班主任就听到外面传来抽泣的声音，原来张松一直没有离开。

从那天开始，张松仿佛变了一个人似的，情绪十分消极，甚至开始打架，有几次竟然还干出勒索低年级同学的事……班主任也劝过张松几次，但每次张松都是当面满口答应，转个身就继续"自暴自弃"了。

班主任知道，张松其实是个好孩子，现在这些行为也只是因为父母的偏见而自暴自弃罢了。为了解开张松的心结，班主任又和张松妈妈联络了几次，但可惜的是，无论班主任怎么解释，张松妈妈都一口咬定，觉得张松就是个喜欢惹是生非的孩子。

父母总以为自己对孩子了如指掌，殊不知，很多时候，正是这种错误的"笃定"，成为父母"谋杀"孩子天赋的利器，同时也杀掉了孩子原本积极向上的热情。

有一部儿童电影，名叫《地球上的星星》，讲述了一个非常令人感动的故事。

故事的主人公名叫伊夏，是一个小男孩，他从小就调皮、爱捣乱，学习成绩也非常差。上课时，他从来不认真听讲，不回答老师的问题，也听不懂老师的指令，甚至算不对数。他永远都生活在自己的世界中，不听别人说话，久而久之，老师和同学对他也都没什么好脸色。

其实，伊夏在家也从父母那里得不到什么好脸色，他时常想出一些鬼点子，还经常因为未完成作业被叫到学校去。

父母忍无可忍，他们觉得伊夏就需要一个严格的地方来教育，于是把他送到寄宿学校。从小没有离开过家的伊夏内心受到严重打击，虽然他听从父母的安排到了寄宿学校，但自那时起，他也变得越来越沉默内向、固执偏激。

这天，美术课上，老师正在巡查教室，突然注意到伊夏手中的画，那真是令人惊叹呀！虽然伊夏平时学习不好，而且有阅读障碍，但是这些丝毫没有影响他在绘画方面所展现出来的天赋。

于是，美术老师就把他的发现告知了伊夏的家长，并帮伊夏争取到了学校方面的支持。在多方的帮助与支持下，伊夏的绘画天赋完全显露了出来，并在学校举办的美术大赛上获得了第一名。

美术老师说："每个孩子都有自己的优点，并且值得尊重和喜欢；只要我们能尊重孩子的成长轨迹，发现和重视他们的特别之处，孩子的人生便会充满阳光和希望。"

正如这位美术老师所说，每个孩子都有自己的优点，值得别人尊重与喜欢，即使是一开始"万人嫌"的伊夏也是如此，关键就在于有没有人能从他们身上发现这些不为人知的闪光点。

所以，无论何时，都不要急着去否定你的孩子，更不要用你固有的偏见去轻易地给孩子"贴标签""下结论"。作为父母，我们一定要学会抛弃挑剔的眼光和自以为是的偏见，尝试着用心去观察和了解孩子，发现孩子的优点，发现孩子的困惑，发现孩子的进步。

# 第 4 章

# 做孩子的情绪舵手，
## 理解孩子行为背后的感受和需求

　　人在做事情的时候总是带有一定的目的性，孩子年纪虽小，考虑事情虽然很不周全，但在做事情的时候也同样遵循这一规律。

　　很多家长觉得孩子做事荒谬、胡闹，那只是因为不了解孩子的行为背后的动机。如果你能了解到孩子为什么会做这件事情，为什么选择这种做法，那就能更好地了解孩子，给孩子一个更贴心的童年。

儿子，妈妈理解你的心情。

妈妈，有你真好！

# 倾听，
# 是对孩子情绪最直接的尊重

每次讨论陪伴孩子的问题的时候，总要向初为人父母的年轻人说明一个问题，为什么随着年龄的增长孩子会偶有失落感？这种失落感可能会导致孩子出现撒娇、暴躁或者叛逆等情绪，而此失落感制造的源头往往是父母。

孩子出生后，众人都围着孩子转。随着孩子渐渐长大，周围的人会呈现减少的趋势，对孩子的关注程度自然也会随之下降，有些敏感的孩子感知到这种变化之后，便会做出一些行为来吸引家长的关注。对于孩子来说，这是自然而然的反应，而如果此时父母毫不在意，那么孩子的心理就可能会因此受到创伤。

人是感情动物，每个人都是有情绪的，特别是孩子，他们的情绪变化往往非常快，当情绪膨胀到一定程度时，就需要找人去分享，而孩子最好的分享对象就是父母。在这种时候，父母最应该做的，就是把耳朵"送"给孩子，用心去倾听他们的心声，这比单方面的说教要更有效。

倾听是对孩子情绪最直接的一种尊重，当孩子还处于婴儿期时，父母对他们发出的每一个声音都是很用心在倾听的，因为那时候孩子还不会说话，从他们嘴里蹦出的每一个音节都是惊喜。但是，等孩子会说话了，父母却往往不再愿意倾听了，反而凭自己的想法去做自以为是的判断，殊不知，恰恰是这种武断，才导致了孩子与父母之间的隔阂。

## 倾听是父母的一门必修课

倾听是父母在陪伴孩子时的一门必修课，每个孩子都是一个独立的个体，都有自己的喜怒哀乐，他们的情绪很多时候爆发得比成年人更直接和激烈。因此，他们对倾诉的需求往往也会比成年人更迫切。面对孩子情绪的爆发，如果父母只觉得是"小孩子打打闹闹"，并将它直接忽略掉，或者表现得漠不关心，那么对孩子而言，必然是一种沉重的打击。

**烦恼小档案**

姓名：　军军

身份：　小学生

困扰：　想跟妈妈分享喜悦，可妈妈根本不理我

结果：　妈妈诚恳地给我道了歉，我决定原谅她

晓冉是职场女王，年纪轻轻就担任了公司设计部的总监，她为了升职，可以连续几天不眠不休，可以说，如今她在职场上的胜利，是牺牲了大量的时间才拼出来的。正因如此，她几乎忽略了家庭，留给孩子的时间也少之又少。

这天，晓冉刚刚出差回来，一到家就把自己摔到沙发上睡着了。没过多久，儿子军军放学回家，一进门就看到妈妈躺在沙发上，军军很高兴，一下就扑了过去，直接把睡梦中的晓冉给吓醒了。

因为几天都没休息好，晓冉烦躁的情绪迅速上升，忍不住就冲着军军吼道："你干吗！吓死我了！"

原本今天军军语文数学都考了满分,这是他上小学二年级以来第一次考双百,而且又见到了一周未见的妈妈,简直兴奋极了。但是,妈妈的表情让军军吓了一跳,整个人都如同被泼了一瓢冷水。可因为实在太想念妈妈了,怔愣片刻之后,军军还是再次扑到了妈妈的怀中,向妈妈撒娇说:"妈妈,我好想你。"

谁知晓冉却推开了军军,说:"这么大了,怎么还这么黏人呢?去去去,自己玩一会儿,妈妈现在很累,想休息一下。"

军军脸上的笑意一下就消失了,他嘟起小嘴,不情不愿地去一边玩了,在玩的时候,还不时地看向已经在沙发上再次睡着的妈妈,一脸失望。

到吃晚饭的时候,军军犹豫再三,还是想继续和妈妈分享一下自己考双百的好消息,但是,他刚开口喊了一声"妈妈",就听到晓冉的手机响了。

晓冉拿起手机,摸摸军军的头,对他说道:"军军乖,你自己先吃饭,妈妈接一个电话。"之后,晓冉打了半个多小时电话,然后让阿姨给自己装了一盒饭,就匆匆出门去单位了。

看着妈妈匆忙离开的背影,军军失望地低下头。他是多么想要与妈妈分享这个好消息啊,但妈妈为什么总是那么忙呢?军军想了很久,最后也只能安慰自己,一定是因为妈妈太累太忙了,所以才会忽略自己……

第二天早上,军军起床后,看到妈妈在客厅听歌,他又高兴地跑过去,一把抱住妈妈,开心地对她说:"妈妈,我昨天考了双百。"

听到军军的话,晓冉抱着他亲了一口,说道:"好,真棒!"

"妈妈,你知道……"军军听到妈妈夸奖,刚想具体再说一说,结果又被妈妈的话打断了。晓冉说:"妈妈一会儿在家加个班,让阿姨送你去上学,中午让阿姨接你回家吃饭。"

军军的话又一次被堵了回去,这一次他再也忍不住了,眼泪瞬间流了下来,他没有理妈妈,跑回自己房间后,砰的一声,非常用力地关上门。

晓冉看到军军激烈的动作,皱了一下眉头,但一堆工作压着,她也没来得及多

想，匆匆打开电脑，开始了自己的工作。

这一天，军军去上学时，也没有像平时一样和妈妈说再见，只兀自冷着小脸背起书包就走了。晓冉看了看军军，也没多想，转过头继续工作。

晓冉原本以为，军军也就是闹一天脾气，随便哄哄就行了。但没想到，在接下来的几天里，军军一直冷着小脸，对晓冉不理不睬。最初晓冉并没有太在意，但即使晓冉的神经再粗大，也渐渐发现了军军对她的疏离。

三天后，晓冉终于忍不住问军军："你是怎么了？天天这么不高兴。"

军军并没有回答妈妈的话，只是一个人默默回了房间。

这天，阿姨在收拾卧室时，在垃圾桶里发现了两张被撕得稀巴烂的满分试卷，赶紧把这件事告诉了晓冉。晓冉这才想起，那一天恰好是军军考试成绩出来的日子，而且军军好几次对她开口，都被她打断了。晓冉终于意识到，她的行为已经伤了军军的心。

晓冉将孩子撕碎的试卷从垃圾桶拣出来，小心翼翼地粘好。

晚上，军军又一个人回到房间，晓冉趁此机会，赶紧跑到军军房间，笑着说："儿子，要不要妈妈给你讲个故事呀？"

军军冷漠地说："不用。"

晓冉笑了笑捧着儿子的头，亲吻了一下，真诚地说："军军，妈妈要和你说声对不起。以后你有什么快乐的、不快乐的事，只要你愿意与妈妈分享，妈妈一定认真听你说。好吗？"说完，晓冉从身后拿出自己粘好的试卷。

看到试卷，军军感受到了妈妈道歉的诚意，心一点点被融化了，但他仍是嘟着小嘴，接过试卷说道："看你把试卷粘得这么认真的份上，我原谅你那天的行为了。"

晓冉捧起军军的脸，说："谢谢小帅哥！"

晚上，他们聊了很多，军军把自己考双百的事儿给妈妈讲了一遍，而且还讲了这几天在学校发生的事情，他边说边评价，慢慢高兴起来。

很多时候，孩子的要求真的不高，他们需要的，只是父母的关注和倾听。对孩子来说，父母是他们最亲近的人，他们心中的一切喜怒哀乐，都想和父母一起分享，这实际上也是孩子表达对父母的爱的一种方式。

父母的工作压力是很大，但是抽出一定的时间去陪伴孩子，倾听他们的心声，也是构建良好亲子关系的手段。当孩子主动与父母分享喜怒哀乐时，父母要将自己摆在与孩子同等的位置，认真地去聆听，给予孩子相应的反馈。最重要的是，在倾听过程中不要加入自己的评价意见，特别是当孩子得意时，不要去泼冷水，也不要轻易去打断孩子的复述过程。

每个孩子都希望父母能听自己讲完自己的故事，让自己的情绪得到发泄，就像我们成年人遇到问题时，也希望找人聊聊一样。做孩子最好的倾听者，是父母最好的陪伴。

# 孩子的每一个举动，
# 都有相应的心理诉求

当孩子还不会说话，无法直观地表达自己的情绪和需求时，一家人总是围着他们转，他们露出笑容，全家跟着笑；他们哭了，全家跟着哄。甚至有些细心的妈妈，可以根据孩子的不同哭声判断出孩子到底想要什么。当孩子慢慢长大，可以用语言来表达情绪的时候，长辈们对孩子的关注反而慢慢减少了。

这其实也不奇怪，在孩子无法用语言直接表达诉求的时候，父母因为担心孩子冷着、饿着或者哪里不舒服，只能自己去观察和总结孩子种种表现背后的意义。等到孩子学会说话，可以直接用语言表达自己的诉求时，父母自然就会觉得，孩子如果有事，自己就能说出口，所以不再需要父母主动去观察和研究了。

然而，父母却不曾注意到，自己的"放心"实际上正是与孩子"疏离"的开始。要知道，从孩子的每个动作其实都可以看出他们所表达的诉求，包括想法、情绪和情感，当父母不再关心这些时，自然也就无法再走进孩子的内心，了解他们究竟都在想些什么了。

## 用心观察孩子的小情绪

**烦恼小档案**

姓名： 果果

身份： 小学生

困扰： 我想看完电影去游乐场玩，可爸爸说工作太忙

结果： 爸爸说带我去游乐场时，我要不要答应呢

  一个周末，江先生带儿子果果出去玩，这是好几周前江先生就已经答应果果的。

  刚上车，果果就兴奋地问江先生："爸爸，我们今天去哪里玩？"

  江先生一边看着手里的文件，一边心不在焉地说："不是说去看电影吗？"

  果果挪到了江先生身边，小心地伸手扯了扯他的袖子，接着问道："那看完电影之后呢？"

  江先生淡淡地回答："看完就回家了啊。"

  果果抿了抿嘴，低头一边玩自己的手指，一边小声说道："电影院好像离游乐场很近呢……"

  江先生大概没有听到儿子的话，没有应声。果果沉默了一会儿，又忍不住继续问道："我们看完电影可以去一下游乐场吗？"

  江先生看了看时间，皱着眉头说："不行。"

  果果的神情黯淡下来，有些不高兴地嘟囔道："为什么？你今天不是陪我来玩的吗！"

江先生想也没想就反驳道:"之前说好了是看电影,已经带你去看了,不要胡搅蛮缠。"

果果依旧不甘心,还想再说些什么,但江先生想着工作上的事情,已经有些不耐烦了,直接说道:"你说要我带你出来玩,我已经说到做到了,我还有工作没有做呢,你现在怎么还这么多要求,再不听话,电影也不要看了!"

果果突然语塞了,整场电影看下来,果果一句话也没有说,也没有再继续纠缠江先生。

之后几天,果果的情绪都不太对,江先生忙完工作上的事情后,大概也觉得自己之前对儿子有些过于严厉,于是便特意告诉果果,下个周末带他去游乐园。但听到这话,果果却没有表现出高兴的样子,反而淡淡地说:"不用了爸爸,我有很多作业要写。"

忙于工作的江先生或许并没有留意到,当儿子果果向他提出请求,想要去游乐园玩的时候,他的内心有多么紧张和渴望。一开始,果果对江先生是非常亲近的,不管是主动靠近他的身边,还是伸手扯他的袖子,其实都是在向爸爸撒娇。而提出想要去游乐园玩的时候,果果是比较犹豫的,一直在玩自己的手指,这意味着当时他是非常紧张的,很害怕爸爸会拒绝他,或者批评他。

然而,因为忙着处理工作上的事情,江先生根本没有留意到果果的这些表现,自然也不会注意到他的心理活动。在江先生冷酷地拒绝果果,甚至因为心情烦躁而批评果果的时候,可想而知,果果的内心有多么受伤。

要知道,孩子也是有自尊心的,他们也会受伤,也会失望。当孩子被拒绝十次、百次之后,他们就会关闭自己的内心,沉浸在自己的小世界里。当父母一次次因为工作而忽视孩子的时候,孩子往往会走向两个极端,要么开始变得麻木、冷漠,要么变得固执、叛逆。

## 当父母没看到孩子的诉求时

**烦恼小档案**

姓名： 悦萱

身份： 小学生

困扰： 我就是想炫耀一下骑平衡车的技术，妈妈误以为我不懂事，不愿意和别人分享

结果： 我跟妈妈大吵了一架

有个小女孩叫悦萱，上小学三年级，是个很有主见的女孩子。

有段时间，小朋友们很流行玩平衡车，悦萱的妈妈也给她买了一辆，这让悦萱高兴极了，无论去哪儿都骑着。一天，家里来了客人，其中有个小男孩，年纪比悦萱小一些，妈妈便让悦萱带着小弟弟一块玩。悦萱很高兴，迫不及待地带着小弟弟到楼下公园，想让他见识见识自己骑平衡车的技术。

在楼下的小公园，悦萱骑着平衡车一圈又一圈地"炫耀"，小弟弟则站在一边看着。妈妈来找他们的时候看到的就是这样一幅场景，她顿时气不打一处来，严厉地对悦萱说道："怎么让弟弟一个人在旁边看？快停下来，让弟弟玩一会儿！"悦萱痛快地答应了，但似乎并没有停下来的意思，还是自己骑了一圈又一圈。妈妈又催促了几句，悦萱有些不高兴地说道："我这是先让弟弟看看，他又没玩过，都不知道该怎么玩，我先表演给他看看，让他熟悉熟悉……"

听到悦萱的话，妈妈的脸色更难看了，提高嗓门训斥道："别给自己找借口了！你这孩子，怎么那么不懂事呢？平时妈妈是怎么教你的，这就是你招待客人的

方式吗？"

悦萱顿时也生气了，直接发脾气道："妈妈！这是我的车子，你为什么非要强迫我去让别人玩？哼！我就是不想让别人玩！"

看到悦萱就这样在客人面前闹情绪，妈妈觉得面子上有些过不去，生气地骂了她一顿，母女俩就这样大吵了一架，把气氛弄得尴尬不已。

其实，悦萱霸占着平衡车，可能只是想要在小弟弟面前多"炫耀"一下自己的技术罢了，并不是不乐意和弟弟一起玩，也不是因为小气、自私而不把车给弟弟玩。但妈妈不分青红皂白就直接先入为主地给悦萱的行为定了性，甚至开口批评训斥悦萱，这才激起了悦萱的叛逆情绪，从而引发出后面的争吵。

试想一下，如果当时悦萱的妈妈没有武断地批评悦萱，而是耐心询问清楚之后再和悦萱好好谈一谈，让她在自己玩乐的时候也不要忽视小弟弟，那么情况是不是就完全不同了呢？父母越是对孩子急躁，越是不观察孩子的诉求，孩子就可能越是逆反着来。

对孩子来说，他们的每一个动作和行为都透出他们内心的情绪，而父母往往忽视了这一点。父母多给孩子一些关注、一些爱心、一些温暖和理解，孩子才会更踏实、更有安全感，也会更加幸福。

# 别让负面情感体验，
# 毁掉孩子的童年

孩子的情绪通常都会表现得非常直观，无论喜、怒、哀、乐都会展露在脸上。更重要的是，孩子的情绪起伏往往也是比较大的，来得快去得也快。正因如此，于是很多父母可能会觉得，反正孩子容易"变脸"，不用去管他们，马上就会好的。但实际上，虽然孩子的情绪来去得快，可堆积在心里的负面情绪如果不能得到及时地纾解，那么久而久之，必然会影响到孩子的心态，甚至毁掉孩子的童年。

在孩子成长的过程中，尤其是上学以后，大多数父母对孩子的关注往往集中于生活、学习、健康等方面，很少会去注意孩子的情绪。这样一来，很多时候，当孩子陷入负面情绪时，就只能自己去消化，但大部分孩子实际上并不懂得该如何正确合理地处理内心的负面情绪，这种时候，他们最需要的正是父母的帮助，如果父母无法给予回应，那么必然会让孩子雪上加霜。

## 倾听、疏导孩子的负面情感体验

**烦恼小档案**

姓名：　　小赵

身份：　　小学生

困扰：　　想向妈妈倾诉一下内心的委屈

结果：　　被妈妈一顿批评，我也生气了

小赵同学是一个心思很细腻的孩子，每天放学回家最想做的事儿就是和爸爸妈妈聊聊天，特别是他和小朋友玩耍受了委屈时，就特别想找妈妈撒撒娇，寻求妈妈的安慰。

上幼儿园的时候，小赵的语言表达能力还有些欠缺，很多时候并不能将事件的全部内容完整地说出来，但那时，妈妈总是会很耐心地听他说完，然后给他一些建议，帮助他梳理好的或者坏的情绪。但是，随着小赵年龄的增长，妈妈的耐心却似乎越来越少了。很多时候，甚至还会不分青红皂白训斥他。

有一次，小赵很生气地回到家，进门就摔下书包，对妈妈说："妈妈，今天气死我了，我同桌竟然偷偷喝了我的水。"

妈妈看了看小赵，问："他为什么喝你的水？"

"因为他今天没有带水，我说可以分他一半，结果他竟然把我的水全倒走了。"小赵越说越生气。

小赵本来只是想向妈妈倾诉一下内心的委屈，发泄一下情绪，但妈妈听了这话之后，却皱着眉头说道："你是傻的吗？他没带水你让他去老师办公室倒啊！"

小赵愣了一下，回答说："我这不是想着大家是同桌，应该懂得分享吗？"

妈妈撇撇嘴，不高兴地说："那你现在还抱怨什么？这是你自己的决定，既然是自己的决定，不管什么结果，自己受着呗。"

妈妈的话让小赵更郁闷了，赌气地吼了一句："是！我傻！我活该！我有病才回来跟你抱怨！"说完，小赵气得啪地摔门进了房间。

见小赵生气，妈妈有些不明所以，不高兴地嘟囔着："你倒急了，有那能耐对你同学发狠呀！"

很多父母并不明白，有些时候明明是孩子自己犯了傻，或者做错了事，可怎么不但不去自我反省，反而还冲着父母发脾气呢？就像小赵，要不是他不懂变通，怎么会受这种"委屈"呢？更何况，这种事情在妈妈看来，或许算不得什么大事，有什么生气的必要呢？实际上，小赵向妈妈抱怨这事，只是一种排解负面情绪的方式，他甚至可能并不需要妈妈说什么、做什么，只要耐心听他说完就行了。而小赵之所以对妈妈生气，也并不是因为"喝水事件"本身，而是因为妈妈没有给他预期的反应，不能接纳和理解他的情绪。

## 要用心读懂孩子的情绪

虽然孩子的思想和心态都还不够成熟，但他们负面情绪的爆发也并不是毫无缘由的。通常来说，孩子之所以会对父母生气，有两方面的原因：一是父母不关注孩子的情绪，不能读懂孩子的情绪，使得孩子觉得自己被父母忽视和讨厌；二是父母在倾听孩子诉说委屈时，表露出觉得孩子无理取闹、顽劣不听话的态度，让孩子觉得父母误会了自己，更加委屈。

一位儿童心理咨询师在给新手父母们上课时分享过一个案例，案例中的主角是新手妈妈小杨和她的儿子陶陶。

小杨是一位年轻的妈妈，也是一位优秀的职场女性。平时因为工作繁忙，小杨很少和儿子陶陶相处，大部分时间里，陶陶都是爷爷奶奶和外公外婆照顾的。

现在，陶陶已经上小学六年级了，小杨便想带着他去参加一些聚会，一方面是多陪陪他，另一方面也是让他见见世面，锻炼一下。

有一次，小杨带陶陶参加聚会。开始的时候，陶陶很乖巧，安静地坐在小杨身边喝果汁、吃东西，但是没一会儿，他便不安稳起来，一会儿要求小杨给他夹菜，一会儿又要去上卫生间，一会儿又跳下凳子跑两下、跳两下。当时，小杨正在跟朋友谈事情，见儿子总闹腾，就忍不住训了他两句。其实，当时小杨并没有说什么过分的话，只是严肃地告诉陶陶："不许再闹了，要是再不听话，下次我就不带你出来了。"结果没想到，就这么一句话，竟然让陶陶哭了起来。小杨觉得应该给儿子一些教训，就没有理他，继续和朋友商讨事情。

过了一会儿，陶陶见妈妈没什么反应，也就不哭了，之后倒也没再继续闹，只是一个人低着头坐在一边，时不时瞄一瞄小杨。虽然小杨注意到了陶陶的视线，但她觉得，不能惯着儿子，所以也没有主动和陶陶搭话。

对于这件事情，小杨其实并没有放在心上。可那天之后，陶陶却开始和她闹别扭，不肯和她说话。小杨实在不明白，到底发生了什么事。

听完小杨的叙述后，咨询师又单独和陶陶聊了聊，并提起了关于聚会时发生的事情。陶陶委屈地告诉咨询师："妈妈根本不理解我，我不想闻聚会里的烟酒味，我头疼，可是妈妈却嫌我闹腾，一点儿也不关心我。所以，我再也不想和她说话了，反正她也不在乎我心里到底在想什么……"

从咨询师所讲述的案例中可以看到，陶陶之所以会产生负面情感的积压，是因为他心中的负面情绪没有得到缓解。刚开始的时候，陶陶是很乖巧的，但小杨一直在陪朋友说话，忽视了他，而且陶陶显然也并不喜欢聚会的环境，所以只好用频繁打扰妈妈的方式来博得妈妈的关注，但是小杨却并没有感觉到这一点，反而嫌弃儿子太闹腾。一方面，小杨忽视了儿子的存在，另一方面，又忽视了他的动机。这样一来，陶陶的负面情绪自然就积压起来，直到被妈妈训斥时才一股脑儿地爆发出来。

换言之，陶陶之所以突然哭泣，包括之后和妈妈赌气，不肯和她说话，并不只是因为当时妈妈对他的一句训斥，而是一种持续性的负面情绪堆积。小杨没有注意到这一点，只认为自己对儿子的训斥并不过分，所以会觉得儿子太过"无理取闹"。这也就是为什么很多时候，父母会觉得，孩子"脾气怪""喜怒无常"。

近年来，青少年采取偏激行为的事件层出不穷，有的是因为失恋，有的是因为和父母吵架，有的是因为考试失利……单看这些理由，似乎都很匪夷所思，不过一点点的波折，怎么就能让这些年轻人走向极端呢？但实际上，这些"理由"不过只是一个情绪的"触发点"罢了，真正谋害他们的"凶手"，是长期积压的负面情绪。有很多孩子，他们其实是不懂得处理自己的情绪问题的，不知道该如何排解和宣泄这些负面情绪，而等这些负面情绪积累到一定程度之后，只需要一个小小的触发点，就可以将他们击溃。

父母一定要注意孩子的情绪问题。有很多事情，在父母眼中可能没有什么大不了，比如考试失利、和朋友发生争吵、被老师批评等，但对于孩子来说，这些事情却是他们生活中非常重要的组成部分。当遇到这些问题时，孩子的内心会产生一些负面情绪，惭愧、痛苦、后悔等等，这些情绪如果不能得到及时地疏导，那么久而久之，必然会让孩子的身体和心理都感到异常疲惫。

当然，需要注意的是，关注和接受孩子的情绪，并不等于纵容孩子肆意发泄坏脾气、无缘无故闹情绪，而是表示父母需要奉上耳朵去倾听，用心去感受，从而帮助和引导孩子排解内心的负面情绪，并学会如何正确处理自己的情绪问题。

## 不管心情多差，
## 也不要迁怒于孩子

现代社会中，每个人都在承受巨大的压力，有来自生活中的，也有来自工作上的。尤其是很多的年轻妈妈，她们一方面要承受工作中来自老板和客户的压力，另一方面又要承受生活中带孩子的种种压力。有的还要承担家务、照顾家人饮食起居等各种琐碎的事情。所以很多妈妈在有了孩子之后，整个人的情绪状态都是混乱的。

即使是全职妈妈，所承受的压力也不小，每天都围着孩子转，而孩子的磨人能力真是难以想象的。更重要的是，即使到了今天，依旧有很多人不能理解全职妈妈的付出与辛苦，甚至还有不少人觉得，不过就是做做家务、看看孩子，能有多辛苦？而且，一旦做了全职妈妈，就仿佛理所应当地要承担家庭中的所有责任，甚至孩子生病了，或是磕了碰了，责任全在妈妈，仿佛妈妈就是罪魁祸首。

也难怪有人会说："女人一旦做了妈妈，无论婚前多么温柔，也会变得焦躁。"并不是她们变了，而是生活、孩子、职场等各方面的压力，已经让她们心力交瘁，无法再控制自己的情绪——有时忍不住大吼大叫，有时情绪低落，有时恨不得把孩子打一顿……

## 孩子不是父母的出气筒

当然，这样的问题不仅会出现在妈妈身上，很多爸爸同样也承受着巨大的压力。但不管怎么样，作为父母，如果总是无法控制自己的情绪，甚至迁怒在孩子身上，那么对孩子的成长都是极为不利的。因为对于孩子来说，他们还无法理解和消化父母的坏情绪，只会觉得内心充满恐惧、委屈和无助，甚至将自己看作是引发父母坏情绪的罪魁祸首，从而产生自责和愧疚的心理。在某综艺节目中，有一段某女明星讲述其母亲的片段，留心的观众一定会在节目中发现什么。

这位女明星本是一个自信、乐观的人，但在面对她最亲近的母亲时，她表现出的却是一种小心翼翼、诚惶诚恐的状态。

在提及母亲时，这位女明星讲述了自己小时候与妈妈的一些故事。她说，妈妈的脾气不太好，对她要求非常严格，每次犯错，妈妈都会动手打她。因为妈妈的脾气，她从小就自卑、胆小，甚至不敢说话，不敢交朋友，还一度产生过自闭的倾向。在讲述这段故事的时候，明显可以看出，这位女明星的情绪是非常压抑的，哪怕那段日子早已过去，但童年时留在心底的阴霾却始终没有消除。

父母也是普通人，也会有情绪失控的时候，这是可以理解的。但孩子不是出气筒，更不是父母发泄负面情绪的工具。很多时候，父母把负面情绪发泄出来恢复正常了，但孩子却将父母的负能量都收归己有。这对他们的幼小心灵说，是多么大的伤害，又会留下多么大的阴影呀，严重的话，这种阴影即使到成年以后也是无法磨灭的。

有时，因为某些压力，我们可能会突然情绪失控。但孩子并不能理解，为什么前一秒爸爸妈妈还很高兴，后一秒却会突然发怒，这让他们感到很不安全。而且，当我们心里充满负面情绪的时候，看待事情的态度也是会随之变化的。比如，平时吃饭时孩子弄脏桌子，父母可能觉得这是很正常的事情，但当心情不好时，看到孩子把桌子弄脏，父母可能就会突然发怒。对于这种状况，孩子也很难理解。自己的做法没有改变，为什么父母的态度却会产生如此大的变化呢？

而且，孩子在成长过程中，最直接的知识获取方式就是模仿。父母如果总是被负面情绪所影响，脾气暴躁，对孩子大吼大叫，那么久而久之，孩子就可能把这些场景都模仿、记忆和储存下来，以后也成为脾气暴躁的人。

《妈妈，躁狂，和我》（mom, mania, and me）所写的就是作者自己（戴安娜）和妈妈的故事。故事中的妈妈脾气很不好，是一个无法控制自己情绪的人，时常会对戴安娜和姐姐责骂甚至动手。

戴安娜不明白，为什么自己和姐姐已经非常乖巧和聪明了，妈妈却还是动不动就发火；她也不明白，为什么自己已经努力做到最好了，妈妈却依然不满意。在戴安娜眼中，妈妈是一个十分可怕的人，小戴安娜还曾经希望妈妈早点死掉。

后来，戴安娜慢慢开始质疑自己，她怀疑妈妈并不爱她，觉得自己可能是多余的，于是，她开始躲避与妈妈的接触，一看到妈妈发脾气就躲在桌子底下。

终于戴安娜渐渐长大了，为了逃离妈妈，她早早就结了婚，搬离了自己家。然而，她的婚姻生活并没有想象中幸福，不到五年就离婚了。

面对生活的压力，戴安娜发现自己变成了和妈妈一样的人——暴躁，控制不住自己的情绪，动不动就对孩子发火。戴安娜讨厌妈妈，但她也终究活成了自己讨厌的样子，她惧怕妈妈的坏情绪，但她的性格和心理却在无形中早已被深深地烙上了妈妈的印记。

还好，戴安娜很快意识到了自己的问题，并一直努力地纠正它。她不愿意成为和妈妈一样的人，更不愿意让自己的孩子像自己一样，承担母亲无缘无故发脾气带来的痛苦。

父母的迁怒是对孩子最大的伤害，因为孩子是无法抵挡父母的坏情绪所带来的伤害的，他们只会不断思考，自己到底哪里出了问题，到底应该怎样做，才能不再让父母发脾气。而当他们的一切努力都只是徒劳时，他们便可能陷入自我谴责和自我厌恶之中。

那些常常承受父母坏脾气的孩子，性格上或多或少都是存在一些问题的。比如他们可能会因为恐惧父母而变得很胆小，形成自卑型人格；也有可能为了应付父母的坏脾气而变得圆滑，形成讨好型人格；甚至可能因为长期的压抑而产生心理问题，直接影响正常的生活。

童年时的心理问题是很多人一生都无法摆脱的梦魇，哪怕表面上没有问题，也可能在遇到某件事情时就会被触发。有很大一部分孩子在长大之后，都会"继承"父母身上存在的种种问题，活成父母当初的样子。

所以，努力控制好自己的坏脾气吧，不管心情多差，都不要把不良情绪发泄在孩子身上，不要用你的坏情绪，亲手毁掉孩子的一生！

## 当孩子遭受委屈，你要做他最坚强的后盾

经常听到这样一句话："父母以为自己爱孩子，但孩子的爱远远要多于父母。"孩子对父母的依赖是很多父母所想象不到的。当孩子遇到危险时，他们的第一反应是大哭找妈妈；当孩子孤独害怕时，他们的第一反应也是找妈妈。同样的道理，当孩子受了委屈时，他们的第一反应也是去跟父母诉说。

当孩子向父母诉说委屈时，不同的父母处理的方法是不同的，但无论采取怎样的处理方法，父母都应该明白，作为孩子最信任的人，无论何时，我们都应该是孩子最坚强的后盾。只有从父母那里得到足够的勇气和力量，孩子才能克服心理的压力，帮助自己渡过难关。

父母帮孩子解决委屈的过程，实际上也是给孩子树立自信心和安全感的过程，有父母做主的孩子，可以获得足够的自信和安全感，以后在面对挫折时也会更有勇气和自信。

## 父母要做孩子的精神靠山

**烦恼小档案**

姓名： 媛媛

身份： 幼儿园小朋友

困扰： 因为是外地人，常被同学欺负

结果： 被孤立、不自信

小敏性格比较懦弱，在小区里是远近闻名的"老实人"，她的处世原则从来就是别惹事，能忍就忍。就连孩子媛媛在学校受了气，她也总是告诉孩子能忍就忍，以和为贵。

小敏一家是外地人，丈夫做生意经常不在家，她独自一人带着女儿媛媛生活，丈夫最常嘱咐小敏的话就是："我常年不在家，你能忍就忍，少惹事儿。"

媛媛上的是他们租住小区的自建幼儿园，在这个幼儿园上学的孩子大部分都是本地人，对外地的孩子有些排斥。在幼儿园里，媛媛经常被其他小朋友欺负，老师也无可奈何。

一开始，在幼儿园受了委屈之后，媛媛都会回家和妈妈述说，但每次，小敏都会告诉媛媛："忍忍吧，没什么大不了的，反正你也没有受伤。"

媛媛哭着对小敏说小朋友瞧不起她，小敏也只会劝说："你能忍吗？能忍就忍了吧。若是你反抗的话，别人会更欺负你的。"

……

在这种教育之下，媛媛变得越发胆小怕事，常常委曲求全。

一次，媛媛又哭着回家，小敏看着痛哭的媛媛，皱着眉头问："怎么了这是，又哭！"

媛媛说："妈妈，其他小朋友不和我玩，我该怎么办呀？"

小敏听了眉头皱了一下，然后又松了，无奈地说："我能怎么办啊？你是不是惹其他小朋友生气了？要不然，他们怎么会这样对你！"

媛媛委屈地说："妈妈，我没有，是他们说我是外地的，才不和我玩的。"

小敏听到这话，心里有些不舒服，顿时提高声音说道："不玩就不玩呗！能少块肉呀！"

后来，有人问小敏为什么不给孩子做主，小敏却说："如果起争执，以后孩子怎么去上学？别的孩子岂不是更加为难我家孩子？！那里就一个幼儿园，难道不让孩子上学了？反正孩子也没什么事情，我们就忍忍吧！"

就这样，媛媛渐渐学会了把委屈咽在肚子里，生活得小心翼翼。在学校，她常常一个人躲在角落里，也不和同学玩，就连在大街上，她也总喜欢贴着墙走，刻意避开人群；和人说话时，她的声音总是小小的，而且常常低着头，不敢去看别人的眼睛……

父母本应该是孩子最坚强的后盾，是孩子自信心和安全感的来源，然而，小敏却因为自身性格的懦弱和委曲求全的处世态度，让媛媛在遭受委屈后的一次又一次退让中，活成了这副懦弱的模样，这何尝不是一种悲哀呢？

人生在世，确实存在很多无奈，即便身为父母，也无法变成无所不能的超人，但在孩子遭遇委屈和不公时，我们的所作所为，以及我们所表现出来的态度，对孩子是有着非常深远的影响的，甚至可能直接影响他们性格的形成。如果父母无法成为孩子坚实的后盾，无法给予孩子足够的勇气和安全感，那么孩子就可能在这种状况下，活成懦弱、自卑、无安全感的样子，这对他们的心灵无疑是一种摧毁式的伤害，这种伤痛甚至可能跟随他们一辈子。

身为成年人，我们或许会在遇到某些事情时，经过权衡，选择委曲求全，但请不要把这种观念强加在孩子身上。当你的孩子像一个受伤的小婴儿一样伸着胳膊向你跑来时，你一定要给他一个拥抱；当他哭着说自己受了委屈时，你一定要告诉他："没关系，爸爸妈妈永远站在你的身后，你要勇敢！"

当一个人习惯了逃避，便注定不会再主动接受挑战；当一个人习惯了躲闪，便注定不会再迎头向前。你要记住，父母是孩子最坚实的后盾，最温暖的港湾，只要你稳稳地站在孩子身后，做孩子精神上的靠山，孩子便一定可以高唱凯歌，勇往直前。

# 引导孩子学会
# 自己驾驭不良情绪

无论是成年人还是孩子，都会有自己的情绪。一般情况下，成年人会比孩子更懂得如何驾驭自己的不良情绪，所以很多时候，人们可能会觉得，大多数成年人的脾气都是有迹可寻的，而大多数的孩子则有些"喜怒无常"。但其实说到底，不过是成年人比孩子更懂得如何管理情绪罢了。

孩子在成长过程中，学会如何驾驭不良情绪也是一门非常重要的课程，而引导孩子如何学好这门"课程"，正是父母的职责之一。但很多父母没有这种自觉，他们总以为孩子年纪小不记事，即便遇到不高兴的事情，也可以转眼就忘掉，所以他们的情绪根本不需要调节。实际上，无论是谁，情绪都是需要有个出口的，孩子也不例外。当孩子遭遇不良情绪时，父母应该做的，不是默默等待孩子的情绪过去，而是要借此来引导孩子，让他们学会驾驭自己的不良情绪。

我们经常看到一些孩子，前一刻还高高兴兴，后一刻突然就大发脾气，而面对这样的状况时，父母的处理方式也各不相同。有的父母会训斥孩子，有的父母会试图给孩子讲道理，还有的父母会漠视孩子，放任他们自己去调节情绪。其实，此时父母更应该关注的，是孩子情绪转变的节点在哪儿，然后根据此节点，引导孩子进行情绪的调节和管理。

## 父母要给孩子必要的情绪疏导

举个很简单的例子，如果你的孩子一不小心摔倒了，膝盖磕破了皮儿，你会怎么做？是拿酒精给孩子轻擦伤口，再贴上创可贴吧？哪怕是小伤，你也会焦急且认真地对待，但是，为什么就不能留一点时间来关注下孩子的小情绪呢？不良情绪就像是孩子心灵上的伤口，同样也是需要我们认真对待的。

在孩子的成长过程中，情绪的疏导和管理是保证心理健康的必要条件。特别是孩子不会处理自己负面情绪的时候，更是需要父母的帮助。要知道，每个人都是有不良情绪的，即使是那些整天乐呵呵的人，也并非从来没有烦恼的事儿，只不过他们懂得该如何调节自己的情绪罢了。

孩子的成长过程，就是慢慢学会调节和控制自己情绪的历程。当一个孩子可以调节和控制好自己情绪的时候，就意味着他慢慢长大了。但如果父母对孩子的负面情绪表现出的是漠视，或是强制性地制止，那么孩子的负面情绪就会被关在体内，从而变得极端、冲动、任性，或者麻木、冷漠等。

某杂志上刊登过一个小故事：

美国某商店需要招聘一个导购员，商店的主人在店门前的窗户上贴了一张独特的广告，内容是：本店欲招聘一位能够自我克制的男士。报酬为每星期40美元，合适者可以拿60美元。这以当地人的收入水平来说，已经相当高了。

"自我克制"一词引起了人们的注意，人们就此纷纷争论起来。大家在思考"自我克制"的标准自己是否可以达到，这个标准是否高了呢？说高的确会让人觉得很高，哪个人敢保证自己能"自我克制"呢？说低也很低，谁都可以对别人说自己是可以做到"自我克制"的。

这则招聘信息自然引来了很多人，当然来的人都要经过一个特别的考试。

在众多应聘者之中,有个叫汤姆的小伙子看起来很不同。他站在应聘者的队伍里显得很忐忑,搓着双手,不停地数着前面的人数。终于,轮到他出场了。

店主问:"您可以阅读一段文字吗?"

"可以的,先生。"汤姆回答。

"那请您读一读这一段,好吗?"说着,店主把一张报纸放在汤姆的面前。

汤姆双手接过报纸,说:"好的,先生。"

"那我再问一下,您能一刻不停地朗读吗?"

"没问题的,先生。"汤姆虽然心里觉得奇怪,但还是决定照做。

"很好,那请跟我来。"店主把汤姆带到他的私人办公室,然后把门关上。

汤姆开始阅读了，可是，他一句话还没读完，突然从隔壁小门中"滚"出几只胖乎乎的小狗。大概有五六只，看上去十分可爱，在汤姆的脚边蹿上跳下的。

其实，这是店主故意放出来的，而他的这种做法引起了很多应聘者的不满，因为小狗的可爱与活泼足以分散他们的注意力了。

汤姆分了一下神儿，看了一眼小狗，但立刻又将眼睛放回报纸上，嘴巴并没有停。因为他始终记得现在自己是一个应聘者，而店主刚刚说了要他一刻不停地读完，所以他抵抗住了小狗的干扰，坚持把报纸读完了。

汤姆是第71位应聘者，前面的70位应聘者之所以会失败，除了某些是因为能力不足外，一部分输在了未能抵抗住小狗的干扰、注意力不集中上。

店主问汤姆："在你读报的时候，难道没有注意到你脚边的小狗吗？"

汤姆笑了笑答道："我并没有关注小狗。"

店主接着问道："我想您应该知道它们的存在，对吗？"

"是的，先生。"汤姆回答道。

"那么，为什么您不看它们？"店主继续问道。

"因为您告诉过我要不停地读完这一段。"汤姆平静地说道。

"您总是遵守您的诺言吗？"

"是这样的，先生，我总是努力地去做。"

店主对于汤姆的回答显然十分满意，并决定留下这个人。

也许前面那70个应聘者中有比汤姆能力突出的，但汤姆的取胜点就在于他能很好地控制自己的情绪。当小狗在身边调皮时，他没有分散注意力，他的内心可能与前面那70位应聘者一样，也是暴躁的，毕竟在应聘的时候谁都不希望出现什么干扰，但是他可以很好地控制自己的情绪。

那么，如何让孩子学会控制自己的情绪呢？众所周知，欲望是最能引起情绪起伏的东西，延迟满足就可以锻炼孩子的情绪控制能力。如果孩子提出来的要求，你总是第一时间满足，久而久之，就会让孩子形成急躁的性格。但如果你在满足孩子的要求之前，让他们先学会耐心等待，久而久之，就会让他们懂得该如何调节和控制自己的情绪。

同时，利用日常生活中的种种事情来训练孩子的自控能力也是十分有效的。比如，起床、用餐、上学等，父母都可以制定好规则对孩子进行约束，这样既能增强孩子的自控力，又能避免孩子形成惰性。

# 无论如何，
# 别让孩子自己看不起自己

我们常常会看到一些孩子性格优柔寡断，不管做什么事情都怀疑自己，而孩子之所以会呈现出这种状态，主要是因为他们心理上的自我否定，而之所以会形成这种心理，往往与父母的教育息息相关。孩子对自己的否定主要来源于自卑。自卑是会影响人一生的，自卑的孩子大多说话时不敢正视别人的眼睛，说话的声音也细得像蚊子一样；在人多的地方，他们只敢坐在角落里，不敢大声表达自己的想法，害怕把自己的想法说出来后会遭到别人的耻笑；他们恐惧所有比赛、竞争，不敢在他人面前表现自己；他们拒绝结交朋友，不敢与人交流……

自卑使孩子错失了很多机会，有的孩子即使在长大之后有幸取得很好的成就，心底的自卑往往也是无法根除的。所以，在孩子的成长过程中，父母一定要注意孩子的心理健康，尤其是自信心的建设，千万不要让孩子形成自我否定的性格。

## 父母重压之下，孩子逐渐自卑

**烦恼小档案**

姓名：　　江晓

身份：　　初三学生

困扰：　　因为怕达不到父母对自己的要求而逐渐自卑

结果：　　对任何事情都毫无自信

江晓的家庭条件还算优越，家庭氛围也很好，父母都是高级知识分子。

而且，江晓的爸爸妈妈都是独生子女，现在他又是独生子，也就是说，他是家里唯一的小孩，爷爷奶奶、姥姥姥爷、爸爸妈妈都把他捧在手心里。大家把全部的希望都寄托在了这个小家伙身上，奶奶就经常说："我家小孙子有这么好的基因，将来一定和他爸爸妈妈一样有知识，有成就，甚至超越他们。"

每每听到这话，小江晓都会一个劲儿点头，虽然他并不懂这种期望对他来说意味着什么。

在这种殷切的期望之下，爸爸妈妈在江晓还很小的时候就为他制订了详细的发展计划。可以说，在其他小朋友都还懵懵懂懂、无忧无虑的时候，江晓就已经被爸爸妈妈鞭策着"起跑"了。比如，别的孩子还在牙牙学语，江晓已经开始了英文学习，为了给他创造良好的语言环境，爸爸妈妈在家对话都用英文；三四岁时，江晓就已经是个"大忙人"了，早上起床要练习发声，上午要读书，下午要学跳舞，晚上要练习弹钢琴。

就这样，江晓从小到大，一刻不停地学这学那，他懂的知识要比同龄孩子多很多。但是，这样的生活对江晓来说却一点儿也不快乐，他的生活空间和精神世界都受到了严重的束缚。

在物质上，全家人对江晓照顾得无微不至，恨不得把最好的东西都捧到他面前。但与此同时，爸爸妈妈对他的要求也是非常严格的，所学的课程必须门门得第一。一旦有哪方面做得不好，爸爸妈妈就会非常严厉地训斥他，比如："这么简单的题目你都不会！""为什么还有比你考得更好的同学？"……江晓就是生活在这样的环境之下，家人的爱让他温暖，而家人的严厉则让他害怕。

爸爸妈妈无休止的训斥就如同江晓的噩梦一般，使得他每次一看到爸爸妈妈脸色有什么不对，就会开始无端紧张，生怕又是自己哪里做得不好才让父母感到不高兴。每次考试之前江晓也会十分紧张，总是担心万一发挥失常，又要遭受父母的训斥。

上中学之后，爸爸妈妈变得更加严厉了，在这样的氛围下，江晓的情绪也越来越紧张，小时候那个活泼、开朗、调皮、聪明的小可爱如今变得越来越严肃，虽然成绩一直名列前茅，但他与同学的关系却越来越疏远，整个人的状态也越来越不好，不管做什么事情，哪怕是自己擅长的，他也总是怀疑自己，不敢相信自己的判断，因为他实在是太害怕出错了。

初三毕业时，江晓的成绩仍旧名列前茅，但是他却一个朋友也没有了，而且社会实践课程他一项也不及格。最令人忧心的是，此时的他已经变成一个怯懦又胆小的人，无论做什么事情，都会瞻前顾后，对自己毫无信心。爸爸妈妈看着江晓的样子，怎么都想不通，为什么明明他这么优秀，却这么"看不起"自己呢？

## 帮助孩子逃离自卑的旋涡

一个人是不是自卑,和他本身够不够优秀其实并没有直接关系,因为自卑是性格上的一种缺陷,是一种消极的心理状态。同时,自卑也是我们实现理想或某种愿望的巨大心理障碍。

很多父母对孩子的教育往往都侧重于学习成绩方面,但实际上,在孩子的成长中,成绩的好坏并不能直接决定他们日后会成为一个怎样的人。我们知道,孩子的性格是在成长中塑造的,而在这个过程中,父母的态度起到了非常关键的作用。

自卑就像孩子心灵上的一把锁,它锁住了孩子的开朗和勇敢,锁住了孩子的手脚和心灵,自卑的消极情绪会让孩子瞧不起自己,也会让他们自暴自弃,失去前进的动力。

如果你的孩子现在已经显现出自卑的情绪，那么趁着孩子还小，赶快去帮一帮孩子，如果孩子在人前不敢说话，或者常常躲到爸爸妈妈后面，甚至说话声音小，父母就需要去干预一下了。

那么，具体应该怎么做呢？

首先，要尊重孩子。来自父母的尊重，会让孩子的自信心有所提升，哪怕为了自尊，他们也会求上进，求别人的赞美。

其次，不要打击孩子。无论何时何地，孩子对自己都存在一定的期望值，当达不到时，他们也会感到沮丧。此时，如果再加上父母的打击，孩子就会陷入失望之中。如果父母再将孩子的短处与他人的长处进行比较，那就好比往孩子的伤口上撒盐，孩子的心情怎么可能不低落呢？

同时，对孩子的要求要针对孩子的年龄段提出来，不要对孩子要求过高，当你提出不符合孩子年龄的要求时，你会觉得孩子"笨"，会去指责孩子，而孩子也会觉得自己笨，从而渐渐失掉自信心。

最后，如果你的孩子已经陷入了自卑，你就需要加入更多的干预了。可以多带孩子去野外散步。带孩子进入更广阔的天地，在孩子同意的情况下，带他们接触更多的人，敞开心胸和与他人交流，都会唤起孩子心底的自信。

第 5 章

# 陪孩子一起科学玩耍，
# 让孩子在亲子体验中愉快长大

玩耍是孩子的天性，童年没有玩耍的孩子，是不幸福的。在社会竞争越来越激烈的今天，很多家长认为不能让孩子输在起跑线上，于是，孩子玩耍的机会越来越少，身心也越来越疲惫。其实，玩耍并不是对孩子毫无帮助的，科学地玩耍不仅能放松孩子的身心，还能让孩子学到很多东西，变得更加优秀。

# 只学习不玩耍，聪明的孩子也变"傻"

很多家长认为，学习是孩子在求学阶段最重要的事情，而学习成绩的好坏更是可以直接影响到孩子的未来。于是，家长恨不得把孩子的每时每刻都塞满学习，就连周末、假期都不肯放过。殊不知，你在将孩子的童年塞满学习的同时，也剥夺了孩子在其他方面进步的机会。

其实，孩子的性格形成很多时候是在游戏中完成的。可以说，只学习不玩耍，哪怕再聪明的孩子也会变"傻"。通过学习，孩子可以从书本中获得许多知识，但此时，这些知识都还是"死"的，没有经过实践。只有当孩子学会用书本上的知识来解决实际问题，学以致用的时候，这些知识才算是真正被他们所掌握，也只有通过实践，孩子才能真正学会举一反三，灵活变通。

有些地方有这样一句俗语："淘的是好的。"意思是，淘气的孩子都是聪明的孩子。这句话其实是有一定道理的。聪明的孩子才有可能变着花样淘气，越是淘气越说明他的脑子转得快。但在很多家长的眼里，贪玩却是孩子最难改掉的毛病。

很多人可能已经发现了，年龄越小的孩子，在学习时，往往就越容易分神。这其实是很正常的事情，因为对于这些孩子来说，他们对一切都充满好奇，而他们的自制力还没有那么强，所以哪怕一点点的声响，都会吸引他们的注意力。因为好奇，才会想要去探索；因为想要探索，他们才会看起来很"贪玩"。可以说，贪玩不是毛病，而是孩子好奇天性的一种体现。

## 可以帮助孩子学玩结合

对于贪玩的孩子，千万不要压制，而是要学着正面引导。因为贪玩往往与他们的好奇心是挂钩的，而好奇心正是促使他们探索世界、了解世界的原动力。而且，哪一个人不是从小玩到大的？对于大孩子而言，与伙伴的游戏就是玩；而对于幼儿阶段孩子，他们没有学会与小朋友相处的时候，父母就是他们最好的玩伴。

其实，即使是"玩"，只要引导得当，同样也可以学到很多东西。比如有的小朋友喜欢玩泥巴，那么家长就可以试着引导他们利用泥巴来做一些简单的泥塑；有的小朋友喜欢到处拆拆扭扭，那么家长就可以引导他们在拆卸物品的同时再试着将其拼装回去；有的小朋友喜欢到处乱涂乱画，那么家长就可以试着引导他们学习绘画知识……这样，"玩"就变得有意义了。孩子可以在"玩"中收获快乐，同时也能在"玩"中收获新知识，学习新技能。

谭先生是某公司的高管，这段时间负责公司招聘的面试工作。在这个过程中，他遇到过几个学霸级的大学毕业生，他们无论是专业知识还是其他考核都完成得很棒，但到了面试环节，谭先生陷入了犹豫。

依专业成绩来看，这几个毕业生一定是班里数一数二的，但是他们回答问题的方式显得很幼稚，对于一些事件的评价也显得很稚嫩。当然，还有更严重的，就是他们的思想都非常僵化。为什么这么说呢？这事其实还和谭先生的儿子小勇有一些关系。

谭先生的儿子小勇最近正好放假，妻子又去出差了，不巧这几天爸爸妈妈和岳父岳母又都相约去旅游，所以，谭先生只好把小勇带到了公司。那天面试的时候，小勇就坐在一边的沙发上玩手游，其中一个毕业生看到之后，便对小勇说："你怎么可以这么小就玩游戏呀？"

"哥哥，这个游戏可好玩了，你不玩吗？"小勇笑着对那个毕业生说。

听到这话，那名毕业生脸色一沉，严肃地说道："沉迷游戏是不对的，你现在正在学习的年纪。"

小勇有些疑惑，但还是礼貌地解释道："哥哥，这个游戏不仅可以锻炼思维，还可以学到很多字呢，而且我也不是天天玩！"

可没想到，那名毕业生却连尝试都不愿意尝试一下，就武断地下了结论，他说道："游戏就是游戏，能学到什么啊？你是学生，就应该把心思都放在学习上，玩游戏就是不对的！"

如果单从那名毕业生说的话来看，很多家长大概会举双手赞成。是啊，作为学生，不就应该把心思都放在学习上吗？但仔细想想，我们学习那么多的东西究竟是为了什么呢？仅仅只是为了考一个好分数吗？这显然是不对的。我们学习知识，是为了有一天能更好地掌握它、运用它，来创造更大的价值。简单来说，学以致用才是我们学习的最终目标。

既然如此，那么只要是能帮助我们学会学以致用，让我们掌握更多知识和技能的方式，不都是值得提倡的"学习"方式吗？而就像小勇说的，他所玩的游戏是一款可以帮助他锻炼思维的游戏，而且通过这个游戏，他还认识了很多的字，那么为什么不可以玩呢？

## 引导孩子玩出一些花样来

有人说："在日常生活中，不要和没有爱好的人做朋友。"因为这样的人是非常无趣的，他们的思维也是非常僵化的。更重要的是，如果连爱好都没有，又如何去发展和巩固感情呢？由此可见，不会玩，甚至连朋友都交不到。

在金庸先生的小说中，有这样一个人物——周伯通。他是武林新五绝"新东邪、西狂、南僧、北侠、中顽童"中的"中顽童"，从他的绰号便可以知道，他是一个爱玩的老头儿。

周伯通一生充满童心，喜欢玩，很少有烦心的事儿。他的武功非常高，但并不是被师父逼迫所学的，而是因为觉得好玩。从小说中有些情节你便可以发现，他的学习能力是极强的，为了玩，他学会了很多东西。

他与小龙女在一起的那段时间，小龙女睡在绳子上不会掉下去，他也扯了根绳子，摔下去许多次也不放弃。小龙女会养玉峰，酿蜂蜜，他也跟着学这些技能，虽然吃了不少苦头，但为了玩他还是坚持着学。也就是这个贪玩、爱玩、无拘无束的老顽童，最终却过上了最圆满的生活。他跟最爱的人，白发之时执手相守，在山下养蜜蜂，谈天说地话人生。

其实，很多孩子的学习动力与玩都是分不开的。学习和发现是他们的天性，而玩和学其实也是可以相互依存、相互转化的。正如哲学中矛盾论所说的那样，两者并不是对立的关系。贪玩的人，往往也好学，因为只有身上有一股研究和拼搏的精神，才能玩出新花样。

# 放下你的手机，
# 别让孩子独自玩耍

网络上流行过这样一句话："如果想让孩子乖乖的，就给他一个iPad；如果想自己放松下，就给他一部手机。"其实，不只是小朋友无法抗拒电子产品的诱惑，成年人对此也是欲罢不能。

养孩子的确不是一件容易的事，熬人得很。很多父母在孩子尚小的时候，总是担心这、担心那，密切地关注着孩子的一举一动。随着孩子年龄的增长，尤其是在孩子有了自理能力之后，不少家长对孩子的关注就渐渐减少了，于是，我们常常会看到一些家长将孩子扔到一边任其独自玩耍，自己则全神贯注地盯着手机屏幕。

我们一直强调，在孩子的成长过程中，父母的陪伴是非常重要的。但很多父母其实并没有理解陪伴的含义。他们以为，只要自己待在孩子身边，那就叫"陪伴"。但实际上，没有互动和交流的相处，又怎么称得上陪伴呢？当你坐在一边聚精会神地玩手机时，哪怕孩子就待在你的身边，他也是寂寞的、孤独的。

孩子是需要玩伴的，而孩子幼年时期最重要的玩伴，就是父母。可能你觉得孩子玩的游戏很幼稚，陪孩子玩很无聊、无趣，手机比孩子的游戏更有吸引力。但是，在父母陪伴下成长的孩子心理感受一定是不同于其他孩子的。

## 放下手机，跟孩子玩在一起

在父母的陪伴下，孩子的心理满足感更强，安全感也更强，而且，在父母陪伴下的孩子幸福感也会更强。所以，放下你的手机吧，别以为只要杵在孩子身边熬时间，就叫作"陪伴"。当你把孩子撇在一旁，自己开开心心地看朋友圈、打游戏时，孩子从你这里感受到的，只有忽视和敷衍。孩子需要的，是与父母之间的互动和交流，是来自父母的关注与爱护，而不是摆在一旁的爸爸妈妈。

林瑾大学时所学习的专业是儿童心理学，在有了自己的宝宝之后，她对儿童亲子关系这块就更为重视了。

林瑾平时的工作并不轻松，但无论多忙，她每天都会挤出一个小时专心致志地陪女儿玩，她平时会陪女儿打球、骑自行车、做手工。如果休假时间比较长，便带女儿去游乐场、爬山，而且，在定下计划之前，她也会征求女儿的意见，力求每一次的活动都确实是女儿感兴趣的，而不是她一厢情愿以为女儿感兴趣的。

随着女儿渐渐长大，她自己的活动也越来越多，但她和林瑾的关系依然很亲密，很多活动都喜欢叫上林瑾一起参加。一次，女儿和几个同学相约周末一起去看流星雨，女儿将事情告诉林瑾后，林瑾立刻就同意了。但她的几个同学就没这么幸运了，他们的父母几乎都因为觉得野外不安全而拒绝了他们的要求。

女儿听说后，一脸不高兴地跟林瑾抱怨，林瑾安慰了女儿一通后，把这事儿揽到了自己身上。晚上，她亲自打电话给女儿同学的家长，劝说他们同意孩子去看流星雨，并保证会照顾他们。之后，她又在网上订购了帐篷、睡袋，在超市购买好零食、水果、饮料，并且查询好观看流星雨的最佳地点。

周末，在林瑾的安排下，女儿高高兴兴地和朋友们度过了一个美好的夜晚。大家躺在帐篷里说说笑笑，还比赛数星星。凌晨时分，天空滑落一颗流星，孩子兴奋

地跑出帐篷,高兴得手舞足蹈,对着流星许愿。

当时,除了林瑾之外,还有两位妈妈也陪着孩子一起来看流星雨,但这两位妈妈几乎全程都在一边看手机,等流星划过时,用手机拍了几段视频发到朋友圈,之后就又自顾自地看短视频去了。那天晚上,天空其实只有少数几颗流星划过,并没有见到新闻媒体所说的流星雨,但大家都很开心,尤其是林瑾的女儿。女儿还悄悄告诉林瑾:"大家都很羡慕我有一个好妈妈。"

只有那两个玩手机的妈妈在临走时抱怨道:"我就说吧,白冻了一晚上,就这么几颗星星。"然而,她们的抱怨并没有得到孩子的回应。

对林瑾的女儿来说,这一次的经历让她又拥有了一份美好的回忆,而对林瑾来说,女儿的肯定是对她最大的褒奖,给她带来了最大的满足。林瑾说道:"陪伴孩子的每一份体验都是值得珍藏的,都是有意义的。与其将时间浪费在手机上,不如去陪一下孩子,这样你才会看到孩子的成长,才能真正了解他们的喜怒哀乐。"

美国心理学家劳伦斯·科恩在《游戏力》中说:"和孩子一起玩,是建立亲密关系的最佳方式。因为和孩子相处,最好的方式不是'说给他听',而是转化成孩子理解并能接受的语言——玩儿,去做给他看。"父母不要以为,在孩子身边就是陪伴,真正的陪伴是心与心的交流。其实,陪孩子的点滴孩子心里都感觉得到。从陪伴中,孩子可以感觉到父母对自己的接纳和尊重,以及父母的关心和爱护,而父母同样也能从孩子那里获得一份别样的快乐与满足,这是我们从手机里永远得不到的珍贵记忆。

# 父母科学陪玩，
# 孩子的成绩就不会差

我们常听到这样一句话："不要让孩子输在起跑线上。"就因为这句话，很多父母从孩子一出生便早早给他们上上了枷锁，鞭策他们努力学习，告诉他们要拿第一，要进名校，要有好工作……于是，玩变成了孩子的禁忌，成了许多孩子童年时最大的渴望。然而，很多父母其实不知道，游戏是孩子成长的必备品，父母科学陪玩，往往会成为孩子提高成绩的强大助力。

从出生到长大，孩子获取知识的方式是多种多样的，有意识地灌输只不过是很小的一部分，事实上，一些无意识输入往往可能对孩子造成更大的影响。

父母每天督促孩子学习，让他们背英语、背古诗、学奥数，给他们报各种培训班、特长班，这便是有意识地灌输；而孩子通过接触和研究自己感兴趣的东西，玩自己感兴趣的游戏，从而获得知识与认知，就是无意识地输入。很显然，对孩子来说，后者往往比前者更能影响孩子的性格形成，也更能让孩子形成深刻的记忆点。

当孩子成绩不好时，很多父母会将原因全部归在贪玩上，于是，不允许孩子玩游戏、看手机，甚至不允许孩子和其他同学一起玩耍，害怕别人影响他们学习……当然，自己就更不可能陪孩子一起做游戏了。

## 跟学习相比，玩同样重要

很多父母"精心呵护"孩子，孩子会不负众望，一路从重点小学、重点中学，读到重点大学，拿到很高的学位，且身怀多种才艺，成为别人口中的学霸，而父母呢，也如愿以偿成了别人眼中优秀的父母。但与此同时，有一些孩子，除了有意识地学习所获得的知识外，情商却往往很低，他们可能会出现各种各样的问题。比如不善于与他人交往，不懂得尊重他人，古板无趣，适应能力差，不善于与人合作，孤僻脆弱。

其实，他们身上所缺少的，就是在游戏之中能获得的无意识成长，而这些无意识的成长，恰恰是孩子未来立足于社会的关键。

在一次家长的互动交流活动中，一位初三学生的妈妈讲述了自己因为当时的错误思维害了孩子的事情。

在孩子小的时候，她始终认为，孩子嘛，只要学习好、身体健康就可以了。于是在教育孩子的过程中，她的关注点一直都是孩子学习好不好，其他任何事情都不如学习重要。因此，除去每天晚上有半个小时的散步时间外，孩子一直被她关在家中，进行着各种学习。

而且，这位妈妈还立下了许多规矩。比如，放学后必须立即回家，不能在外面逗留，不能和小区其他的孩子胡闹玩耍。周末或者假期时，妈妈也会给孩子安排各种特长班。比如，她会带孩子到少年宫打羽毛球、乒乓球。当然，学科类的学习班才是真正的"重头戏"。

那时候，孩子每次路过小区广场，看到其他小朋友在踢球、玩游戏时，都会投去羡慕的目光；每次在家里写作业、做练习，听到外面孩子嬉戏的欢笑声时，也都会情不自禁地望向窗外。每每这些时候，她就会严厉地批评孩子，并且给他做各种

思想工作，告诉他读书学习的重要性。

孩子从初中开始，便不再想玩的事情了，整个人也变了很多，他拒绝和父母交流，整天闷在屋子里不出来。老师曾多次打电话与这位妈妈交流，并告诉她，孩子的综合能力很差，除了学习成绩之外，体育、劳动、协作都差强人意，而且与同学也都相处不来，个性比较孤僻、冷漠。但是这位妈妈对此很不服气，她觉得自己用心培养的孩子怎么可能像老师形容的这样差，更何况，学生的本职工作就是学习，只要学习成绩好，其他根本不重要。

因为一直抱有这样的想法，所以这位妈妈始终没有重视孩子的问题。直到中考前夕，孩子突然失踪了，只留下一张撕碎的准考证。幸好，在许多人的帮助下，这位妈妈最终找到了离家出走的孩子。找到孩子的时候，已经是孩子离家的第三天了，当这位妈妈看到浑身脏兮兮，坐在公园角落里啃着面包，脸上却有一丝淡淡笑容的孩子时，顿时心如刀绞。直到这一刻，她才意识到，自己的教育方式给孩子造成了多么大的伤害。

如今,孩子正在复读初三,但妈妈已经不再逼迫他学习了,甚至还尝试着每个周末都策划一些轻松愉快的活动,带着孩子一块去放松。在讲述这段经历的时候,这位妈妈几次都止不住泪水,她说:"如果给我重来一次的机会,我一定不会再想着让孩子当学霸,我要陪着他一起玩,一起成长。"

## 科学陪玩,让孩子更好地成长

孩子进入社会之后,依靠的不仅仅是学习成绩,还有综合能力。如果你担心孩子贪玩,那就陪孩子一起玩。科学地玩耍,既能让孩子享受到游戏的快乐,又能提高孩子的综合能力,社交力、创造力、思维力、应变力、抗挫力等等,都是可以通过科学地游戏而获得的。

那么,什么才是科学地陪玩呢?其实,科学陪玩并不是多难的事情。要做到这一点,最重要的前提就是尊重孩子,理解并接纳孩子的意见和想法,在陪玩过程中,努力做到寓教于乐,让孩子享受到学习的乐趣。比如通过玩游戏的方式,让孩子掌握知识与技能;或是慢慢地引导孩子,让他们玩的时候尽情玩,玩过之后努力去学。

只要科学合理地规划和安排,孩子自然就不会因为玩耍而耽误学习了,甚至还可能给父母一个大大的惊喜。请记住,父母的最终目的,不是培养出一个除了学习什么都不会的学霸,而是培养出综合能力强、能更好地成长的孩子。

# 让你的教养，
# 既庄重又有趣味性

父母，在孩子眼中应该是什么样的形象？这个问题曾引起过很多教育者的争论，从古代的"君君，臣臣，父父，子子"——高高在上端着敬着的形象，到现在亲子关系中所谓的"朋友"，其中经历了漫长的变迁，也让很多新手父母不知所措，不知该如何在孩子面前"设立"自己的形象。其实，何不取其中，让你的教养，既庄重又有趣味性。

很多人说，在一个家庭中，父母要有一个唱红脸，有一个唱白脸。只有这样，才管得住孩子。这种说法很好理解，就是让父母"分工明确"，一个负责严厉，一个负责慈爱，这样一来，孩子就会有所惧怕，父母不用担心管不住他们。同时，因为有一方负责慈爱，所以也不用担心对孩子的管教会过于严苛。这样的分工乍一听似乎很合理，但是，如果这样做的话，很可能会让孩子从小就形成一种坏习惯：远离严厉的一方，靠近溺爱的一方。这对亲子关系的构建显然是会存在一定影响的。

其实，父母并没有必要这么明确地分工，无论是爸爸还是妈妈，都没有必要在孩子面前树立一个单一的形象，只要做到在该教育的时候严厉且威严地教育，在该游戏的时候陪孩子玩游戏，这样就算得上是合格的家长了。

## 放下威严，孩子同样觉得你形象高大

对很多父母来说，严厉地教育可以做好，但一起玩游戏却不免有些难度。因为在他们的观念里，家长在孩子面前应该是有威严的。如果总和孩子一起嬉皮笑脸地玩游戏，难免会导致孩子"没大没小"。这样一来，要是孩子以后犯了错，那么自己的批评教育可能就会失去力度。

其实，这些担心并没有什么依据，孩子对父母的敬畏感并不是来自父母的压力，而是来源于父母的以身作则。很多父母对孩子过于严肃，端着架子，或许从表面上看，孩子确实会因为畏惧而看似很听话，但一着不慎，也可能会让孩子因为惧怕而变得唯唯诺诺，在与人交往中习惯性地去迎合对方，失去自己的独立人格；更可能会变得更加叛逆，习惯与父母唱反调，以此来反抗父母的"强权"。

钱锺书先生的《围城》很多人看过吧，在日常生活中，他是个幽默有趣的人，同时，他也是一位亲和力强且富有童真的父亲，他的女儿就是在欢乐的氛围中长大的。

每天晚上入睡前，钱锺书先生都会在女儿的被窝里埋置"地雷"，有时是大大小小的玩具，有时是镜子、刷子，甚至砚台或大把的毛笔。每当女儿掀开被子，惊讶大叫时，钱锺书先生就会大笑着跑走，留下同样哈哈大笑的女儿。几乎每一天，女儿都沉浸在这样的氛围中进入甜甜的梦乡。

有一次，钱锺书先生走进女儿的房间，给女儿盖被子，发现女儿露着肚皮睡觉，他竟然在她肚皮上画了个大花脸。等女儿醒来后，他装作若无其事，拿来一面镜子，女儿看到后哇哇大叫，惹得钱夫人将钱先生训斥了一顿。

还有一次，钱先生教女儿学习英语、法语、德语，他突发奇想，想要捉弄女儿，于是就故意教她说一些粗话。这天，朋友来家里做客的时候，他便故意怂恿女儿在客人面前"卖弄",让女儿说出那些话。客人听到女儿的话,先是一愣,后来见到钱先生哈哈大笑,便也跟着哈哈大笑起来,钱先生的女儿以为自己很博学,也跟着沾沾自喜。这时钱先生和客人笑得更欢了。

钱锺书先生看似是在跟女儿闹着玩,但其实,他在"玩"中融入了丰富的爱,他融入了孩子的世界,孩子并没有因为他不严厉和严肃而不尊敬他,更不会觉得他没有权威。相反,在女儿心里,父亲是最伟大的人,是最令人尊敬的人。

在孩子面前,父母其实可以试着放下架子,不要总想着树立权威。很多时候,刻意去树立权威,反而会让孩子离你越来越远。我们是父母,不是皇帝,不是君主,我们要的,不是孩子的臣服,而是他们发自内心的尊重与亲近。当你试着轻轻蹲下来,和孩子成为朋友之后,你会发现,在孩子的心目中,你的形象反而变得更加高大了。

周国平说:"有一些正经的父母,自己十分无趣,看见孩子调皮就加以责罚,听见孩子的有趣话语也无动于衷,我真为他们的孩子感到冤枉。在干旱的沙漠里,孩子的智性花朵过早地枯萎了。在沉寂的闷屋中,孩子的灵性笑声过早地喑哑了。如果一个孩子天赋正常却不会幽默,责任一定在大人。"

父母是孩子的引导人,同时也是孩子的陪伴者。威严的父母或许能让孩子臣服,但只有威严的父母却永远无法获得孩子发自内心的亲近与崇拜。其实,父母的身份就已经注定了庄重,那么我们为何不试着放低身段,融入孩子的生活,成为孩子最好的朋友,从而真正走进孩子的内心呢?

# 通过团队游戏，帮孩子建立协作意识

通常来说，孩子在3岁后，就进入了游戏发展时期。在这一时期，孩子可以通过游戏获得更多的能力，并逐渐形成自己的性格。除了亲子游戏、同伴游戏外，团队游戏更能帮助孩子锻炼各种能力，比如协作意识，就可以通过团队游戏建立起来。

协作意识是指个体对共同行动及其行为规则的认知与情感，是合作行为产生的一个基本前提和重要基础。善于协作，不仅能从工作中找到乐趣，而且也能从生活中找到乐趣。对于小朋友而言，在团队游戏中，可以体会到协作的乐趣及重要性，这对他们协作意识的建立有着很深远的意义。

不过，对于协作精神的理解，很多父母存在偏差。在日常生活中，有许多家长因为担心孩子吃亏，所以会经常教育孩子，遇事多为自己着想，别做"傻帽"。但是，他们没有注意到，现代社会，任何集体活动都离不开团队精神，包括用人单位在招聘人才的时候，也会特别强调应聘者的团队协作能力。

## 每个人都要有团队协作意识

学校里每个班级都会有一些篮球打得特别好的学生。一次，某学校在举办篮球赛时，突发奇想，把每个班级里篮球打得最好的学生集合起来，组成了一支"明星队"。

原本大家以为，这支集合了各个班级篮球精英的明星队必然会在比赛中大放异彩，所向披靡，但令人意外的是，他们的发挥却差强人意，甚至还比不过这些精英率领各自班级队伍时的表现。

大家都觉得很奇怪，明明已经把最优秀的球员、最强大的力量都集合了起来，为什么最终结果却是一加一小于二呢？其实，出现这样的结果并不是完全不可预料的。

众所周知，篮球讲究的是团队作战能力，一个人水平再高，没有整体的协作肯定不行。平日里，这些球员都是各个班级篮球队里的核心人物，其他人都会全力配合他们，他们已经习惯做队伍的核心了。可现在，所有优秀的球员都被聚集到了一起，成为一支队伍，而在一支队伍中，总会有主次之分，不可能人人都是核心。但问题是，他们都很优秀，都习惯了做核心，都想出风头。这样一来，人人都缺乏团队协作精神，团队又怎么可能发挥出强大的力量呢？

虽然，个人能力的发展在现代社会是非常重要的，但无论做什么事，都离不开团队的协作，甚至可以说，在很多事情上，没有团队的进步，就不会有个人能力的体现。

在自然界中，最具团队协作精神的就是大雁了，小学课本上有一篇课文，名为《秋天》，讲述的是大雁南飞的故事。每年秋天，大雁们都要飞到南方去过冬，它

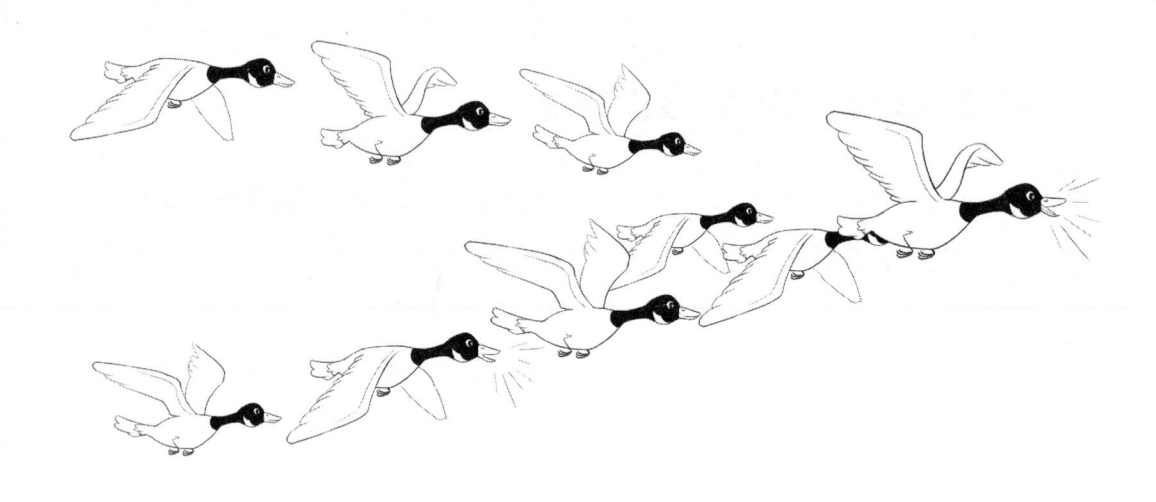

们往往整齐地排成V字形，在天空中飞行。

大雁的这种飞行模式，其实就是团队协作精神最好的体现。研究表明：大雁排成队列飞行，当前面的大雁拍击翅膀时，就会为后面的大雁制造上升气流，减轻后面大雁飞行的阻力；当领头的大雁疲劳时，就会轮换到"V"字形队伍的尾部，让另一只大雁占据领头的位置。而且，大雁飞过时，我们可以听到大雁发出"嘎嘎"的叫声，像是给前面的大雁鼓劲。

对于大雁来说，它们的飞行方式是一出生就会的，刻印在了基因里。而对于我们来说，这种协作精神是非常值得学习的，因为团队协作不仅是一种精神的体现，更是一种生存的技巧。

如果父母能够从小就有意识地培养孩子的团队协作精神，那么未来他们就能更好地与人相处，融入团队，从而更好地在团队中发挥自己的力量，使团队变强。而团队的强悍，同样也是团队成员的强悍。

## 要刻意地培养孩子的团队协作意识

从长远的角度考虑，父母应该有意识地鼓励孩子参与到团队游戏中去，鼓励孩子多和小伙伴一起玩游戏，当然，如果父母能够参与其中就再好不过了，这对和谐亲子关系的建立也是有很大帮助的。在团队游戏中，孩子能够体验到集体活动的乐趣，这和他们独自玩耍时的感觉是不一样的。这样的体验更能帮助孩子学会如何与他人进行交流，也会让他们更加喜欢集体活动。

比如，当小朋友自己玩大型积木时，他们会自己搬，自己搭，而与小朋友一起玩时，大家便有了分工、合作的概念，在这个过程中，孩子将体会到协作带来的好处，同时也会意识到，无论做什么事情，团结协作比"单打独斗"效率更高。

一个具备合作精神的孩子，往往更容易融入集体生活，更容易适应社会，也更容易发挥出自身的价值，取得成功。所以，为了孩子的将来，父母应当从小就有意识地鼓励孩子多参与一些团队游戏，以此来帮助孩子建立团队协作的意识。

第 6 章

# 从陪伴学习到学习陪伴，构造孩子自主学习的格局观

学习本应该是人类的本能，我们每个人刚来到这个世界时都是什么也不懂的，都得靠着后天一点点地学习，才能逐渐增长知识。但是，在孩子有了自我意识以后，如果被迫去学习各种知识，他们就会觉得学习并非一件快乐的事情。想要让孩子愿意学、自主学，那家长首先就得学会如何正确地陪伴。

## 所谓学习力，就是有学习的动力

学习是每个孩子成长过程中都会经历的事情，但并不是所有孩子都能认识到学习的重要意义，明白学习会在他们将来的人生当中扮演多么重要的角色。甚至很多时候，这件重要的事情，对于孩子来说是毫无吸引力的。

子曰："知之者不如好之者，好之者不如乐之者。"大科学家爱因斯坦也曾说过："兴趣是最好的老师。"如果孩子能对学习产生兴趣，那就说明孩子拥有较高的学习力，学习成绩也就不会是让家长头疼的事情。

因为对学习产生兴趣，进而成为优等生的例子并不罕见。人们口中津津乐道的少年天才，即便是其他科目的成绩不算突出，但在某一方面却有成人都难以企及的成就，这就是兴趣的巨大作用。但是，这往往是孩子在接触到某个学科的时候自己产生的兴趣。如果我们等着孩子自己萌生兴趣，那就太被动了。也许，终其一生，孩子也不会对学习产生兴趣。所以，家长必须对孩子进行引导，让孩子喜欢上学习。只有这样，才能提高孩子的学习力。

## 要想办法让孩子有学习的动力

当孩子上幼儿园的时候，林先生就一直刻意培养他多认识一些字，尽量让他认识日常生活中常用的文字。最开始的时候，这非常不顺利。因为让孩子看图画，他非常乐意，但让他去认一个个方块字，那就非常艰难了。孩子不喜欢认字，这其实也在林先生的预料之中，但林先生并没有放弃，而是开始想办法去引导他，让他对认字产生兴趣。

林先生给孩子买了一本纯文字的故事书，书上的故事非常吸引人。每天，他都会有选择性地给孩子念上一两个小故事。后来，林先生开始念篇幅比较长的故事，孩子对于听故事的兴致也越来越高。

一天，又到了讲故事的时候，孩子主动拿着故事书跑到林先生面前，让他把昨天没有讲完的故事继续讲完。但这一次，林先生并没有一口答应，而是故作为难地告诉孩子，自己今天有别的事情要做，没有时间给他讲故事。孩子觉得非常扫兴，一脸沮丧地拿着故事书走了。

在接下来的几天里，林先生越来越"忙"，给孩子讲故事的时间也越来越少。在孩子向他抱怨听故事的时间越来越少的时候，林先生突然"灵机一动"，告诉他说，如果他能自己认字，那么就可以看懂故事，知道后面是如何发展的了。孩子沉思了一下，觉得林先生说得很有道理。于是，就不再抵触学习认字了。

孩子在上小学之前，就认识了日常生活中常用的大部分文字，能自己阅读简单的故事书，这会为他们的学习打下良好的基础。

## 多尝试一些让孩子产生学习动力的方法

人们常说要让孩子无忧无虑地成长，拥有一个快乐的童年。如果孩子能对学习产生兴趣，将学习当成一种快乐，岂不是鱼与熊掌能够兼得了？不管是为了孩子着想，还是为了减轻自己将来的负担，引导孩子对学习产生兴趣都是非常重要的。

很多家长也认识到了这一点，不过，他们使用的方法是最简单的奖励和惩罚。用奖励和惩罚，固然可以激发孩子的兴趣，但这种兴趣是对成绩的兴趣，而不是对学习的兴趣。孩子为了获得奖励，为了避免惩罚，会选择能提高自己成绩的方式，或者是让家长觉得成绩提高了的方式，而不是真正地去学习。例如作弊、临时抱佛脚、谎报成绩。这种情况下，孩子产生的动力完全是另外一种，是与家长初衷相悖的。

想要让孩子对学习产生兴趣，最重要的是让孩子能从学习本身获得东西。或许是乐趣，或许是能产生乐趣的实用功能，或许是能让孩子获得满足感、获得成就感。总而言之，不能唯结果论，不能唯成绩论。要让孩子感受到学习的乐趣，而不是有好的成绩就能得到想要的东西。

家长在孩子对事物产生兴趣的过程中，最重要的是有耐心。在孩子提出问题的时候，你给出的答案可能会造成截然不同的结果。可能会让孩子觉得索然无味，可能会让孩子感到兴致盎然。如果孩子在提问当中总是能得到有趣的答案，这不仅会满足孩子的好奇心，还能让孩子产生"思考、提问、解决问题是很有趣的"这样的想法。

如果家长给出的答案总是简单粗暴的，甚至是干脆不给答案，觉得孩子的很多问题是多此一举的，是毫无用处的，这样只会打击孩子求知的积极性。如果孩子提出的问题是家长也不懂，不能解释清楚的，那么家长不妨和孩子一起学习，一起去了解这个问题的答案。陪孩子一起成长，这才是家长应有的自觉。

# 天才儿童，
# 都是从脑培养开始的

好奇是孩子的天性，孩子在学会说话之前，就开始用自己独特的方式来认识这个世界，并且形成对世界的简单看法。在孩子能顺利用语言表达自己想法的时候，这种好奇达到了一个高峰。每个孩子都是好奇宝宝，每个家长都需要应付孩子的十万个为什么。但是，大多数孩子没有将这种好奇保持下去，随着年龄的增长，好奇心也不断地流失。到了他们需要将这种好奇心、求知欲用在学业上的时候，他们反而开始敷衍，开始应付了事。

作为家长，将孩子的好奇心保持下去是非常重要的，那些好奇心更强、求知欲更加旺盛的孩子，在学业上显然也能获得更好的成绩。

世界上无数伟大的发明、发现，都是从好奇开始的。而发明、发现它们的人，都拥有旺盛的好奇心。如果牛顿不好奇苹果为什么会掉在地上，那就不会发现万有引力。如果桑德斯对被霉菌污染的器皿毫无兴趣，也不会发现霉菌可以抑制细菌的生长，青霉素就不会那么早出现。如果莱特兄弟不好奇为什么带着螺旋桨的玩具能飞上天，那么飞机就不会出现，人们的生活将远远不如现在便利。

## 怎样帮孩子保住好奇心

好奇心能让孩子更好地理解这个世界，更好地去发现大自然和生活的奥秘。孩子如果没有好奇心，那么拥有再强大的天赋，再高的智慧，最终也只能泯然众人，上演一出伤仲永的悲剧。小心呵护孩子的好奇心，让孩子将探索和思考变成一种习惯，只有这样，才能让孩子更加出色，发挥出自己的天赋。这件事情，正是家长需要帮孩子做的。

我们知道了要帮助孩子保住宝贵的好奇心，接下来就谈谈如何去做到这件事情，幸好这并不困难。最重要的一点，就是要让孩子养成不断提问的习惯。没有问题，就没有答案，而没有提问与回答的过程，也不会形成举一反三的能力，没有举一反三的能力，孩子就不能养成独立思考的习惯。看似毫无关系的几件事情，实际上有着非常密切的联系。

很多家长责备孩子学会了1+2=3，却不知道2+1=3，这就是孩子不懂得提问，缺少举一反三能力造成的。

养成提问的习惯虽然重要，但还远远不够。提问是基础，而家长回答问题的方式同样不可忽视。当孩子问天上为什么会打雷的时候，一个敷衍的回答和一个完整的回答，给孩子留下的印象必然是不同的。如果能给孩子演示一下什么是放电反应，孩子必然能从中获得更多的启发，对这种问题产生更加浓厚的兴趣。

## 面对孩子的提问，要给出正面反馈

当孩子提出问题，理解了你的答案，并且能举一反三的时候，就是需要得到正面反馈的时候了。我们的一生无时无刻不在被正面反馈引导着。吃到好吃的东西，下次就还会去吃；遇到有趣的人，就会想要以后经常见到他；做了某件事情，得到老师、上级的赞赏，那么下一次也会这样做。孩子也是一样，如果孩子能够得到正面反馈，那么就会将这种习惯继续保持下去。

当孩子提出问题、弄懂问题的时候，我们要称赞孩子，要鼓励孩子，要让孩子知道他们这样做是对的，是好的，而不是当孩子提出疑问的时候，用"这么简单的问题你怎么不懂""昨天跟你说的事情不是跟今天这个差不多嘛，你怎么还不明白"这样的话来打击孩子。否则，几次以后，孩子就会认为提问只能得到负面反馈，只能得到不愉快的结果，进而放弃提问的习惯，失去探索世界的好奇心，也不愿意去独立思考了。

问题多的孩子，是聪明的孩子，是更愿意去探索这个世界，更愿意去独立思考的孩子。不要嫌孩子问题多，更不要改变孩子提问题的习惯，反而要小心翼翼地呵护这一切。保持好奇心，培养好的用脑习惯，才能让孩子有成为天才的可能性。

# 该减压时要减压，别把孩子累厌学了

无论做什么事情，劳逸结合、松弛有度，才能高效率地完成目标，学习也是如此。在学习中，合理地休息是非常必要的，因为只有休息好，孩子才能拥有足够的精力去应付复杂的学习。如果为了成绩的提高，就对孩子采取"高压政策"，那么反而可能激起孩子的"厌学情绪"，甚至可能进一步影响到孩子的身体健康，这就得不偿失了。

有学者曾做过这样一个实验：

他将一些孩子随机分成两组，让他们学习一样的内容。第一组孩子每学习20分钟之后，就会得到5分钟的休息时间，而第二组孩子则被要求一直持续不断地进行学习。2小时后，学者发现，第一组的孩子精神状况都还不错，而第二组的孩子却很多表现出了困倦和疲劳的状况。之后，他又分别验收了两个小组孩子的学习结果。

如果只按照学习时间的长短来看，显然第二组孩子的学习时间要比第一组孩子多，因为他们在学习过程中并没有休息。但令人意外的是，从学习的最终效果来看，第一组孩子的成绩显然要比第二组孩子的成绩好。由此可见，通过合理的时间安排，劳逸结合地进行学习，其效率远比强制性地"按头学习"要高。

## 学习掌握方法更轻松

著名的早教专家卡尔·威特说过这样一句话："在日常生活中，付出与收获之间并不是每次都能画等号的，想要有好的收获，除了付出必要的劳动之外，还得找到合适的方法。方法不当，只会让我们的付出事倍功半。"

**烦恼小档案**

姓名： 罗敏敏

身份： 初二学生

困扰： 已经花了很多时间学习了，成绩却没有提高

结果： 妈妈制订了全新的学习计划，帮助我提升成绩

关于这一点，刚上初二的罗敏敏真是深有体会。

罗敏敏是个勤奋好学的孩子，成绩在班上属于中上游水平。上了初二之后，为了能在中考时考个好成绩，罗敏敏开始把所有精力都投入学习中，每天的生活除了吃饭睡觉之外就只剩下了学习。

但令人郁闷的是，罗敏敏已经恨不得把自己掰成两半了，成绩却一直不见提升，反而还下降了不少，这让她陷入了深深的焦虑。于是，在学习上就更努力了，每天都要看书到深夜。可这样一来，晚上睡得晚，白天精神自然不好，上课时精力也就越来越难以集中。

妈妈看到罗敏敏的情况，感到非常担心，她通过咨询罗敏敏的老师，充分了解罗敏敏的学习情况之后，为她制订了一份全新的学习计划，并勒令罗敏敏必须按照

自己所制订的计划去安排学习。

一开始，对于妈妈制订的这份计划，罗敏敏其实并没有多少信心，因为妈妈安排的学习时间在她看来实在是太少了。但为了不让妈妈担心，罗敏敏还是决定硬着头皮，接受妈妈的安排，反正自己这段时间的学习状态也不好，就当放松了。

起初，因为焦虑，虽然罗敏敏按照计划表，每天晚上9点半就上床睡觉，可怎么都睡不着。于是，妈妈就让罗敏敏每天在睡前翻看一段时间的课本，把需要背诵的公式或文章再熟悉一遍。有了事情做，罗敏敏焦躁的情绪渐渐平复下来，睡觉也就不那么困难了。

坚持一段时间之后，罗敏敏惊讶地发现，自己的精神状态比之前好了许多，听课时头脑也清醒了许多。更让人惊喜的是，在期中考试时，罗敏敏的成绩居然还提升了不少！

学习除了努力之外，还要讲究方法，只要方法用对，你会发现，效果其实比长时间学习要好。所以，望子成龙的家长们，不要再对孩子使用"高压政策"了。人的大脑也是会感到疲劳的，长时间得不到休息，不仅无法让大脑吸收更多的知识，反而可能损害孩子的身体健康。

想要让孩子提高成绩，一个适合的学习计划表，远远要比责骂和逼迫有效。需要注意的是，无论制订什么计划，其主体都是执行计划的那个人。没有任何一种计划是完美无缺的，最适合的计划才是最好的计划。所以，在给孩子制订学习计划的时候，一定要从孩子的实际状况出发。假如孩子本身就热爱学习，身体状况也比较好，那么在制订计划时，就可以安排得紧凑一些；但假如孩子本身对学习就缺乏兴趣和耐心，或者身体情况不佳，那么在制订计划时，就要根据孩子的实际情况，适当让休息的时间长一些，或者给孩子安排一些适合他们的活动。

一张一弛，文武之道。只有做到劳逸结合，该学习时学习，该放松时放松，契合孩子生理发育和心理发展的规律，孩子才能有效提升学习效率，从而获得更多的知识和更好的成绩，并保证身体的健康。

# 帮助孩子将学习流程科学化、效率化

在很多社区和论坛上,常常能看到父母发帖询问:如何才能帮助孩子制订一个高效的学习计划,促进成绩的提升呢?

在这样的求助帖下面,通常会有不少热心网友,直接把自己给孩子制订的学习计划贴出来,给发帖人作为参考。于是,一些比较"懒惰"的父母,干脆就直接"照搬"别人的计划,勒令自己的孩子按照这份计划来进行学习安排。

这样做的结果往往不尽如人意。即使有着详细而周全的学习计划,孩子的成绩往往也很难有所提高,有的甚至还下滑了,这究竟是怎么回事呢?

其实,会出现这样的结果并不奇怪,每个孩子的情况都是不同的,别的孩子适用的学习计划,未必就一定适合你的孩子。任何计划的制订,都应该是基于执行者的实际情况来展开的,只有真正符合执行者的情况,并且具备可行性的计划,才是最好的计划。

所以,如果你确实想要帮助孩子制订一份合适的学习计划,那么就不能偷懒,直接把别人的学习计划"复制""粘贴"过来,你必须先全面地了解你的孩子,明确他们的学习状况,并根据他们的实际情况,来帮助他们把学习流程科学化、效率化,这样制订出来的计划,才是真正能够帮助孩子提升学习成绩的最佳计划。

## 别人的学习方法未必适用于自己的孩子

林女士的儿子小初今年刚上小学六年级,很快就要面临小升初考试,为了让儿子取得更好的成绩,增加更多筹码,林女士决定给儿子制订一个能快速提升成绩的学习计划。

经过多方面的调查研究后,林女士根据网络上找到的"状元"们的学习计划,为小初制订了一套"完美"的学习计划:

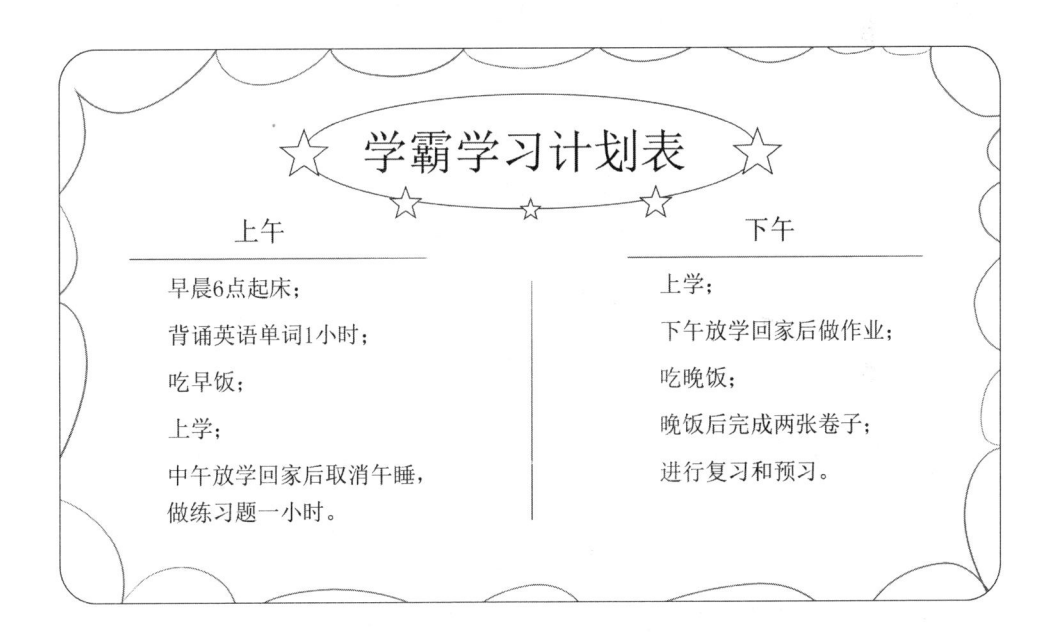

### ☆ 学霸学习计划表 ☆

| 上午 | 下午 |
| --- | --- |
| 早晨6点起床;<br>背诵英语单词1小时;<br>吃早饭;<br>上学;<br>中午放学回家后取消午睡,做练习题一小时。 | 上学;<br>下午放学回家后做作业;<br>吃晚饭;<br>晚饭后完成两张卷子;<br>进行复习和预习。 |

除了每天的日常安排之外,林女士还为小初的周末时间安排了很多"特别节目",除了要上各个科目的补习班之外,林女士还特地给小初报了奥数班和英语口语训练班,恨不得把他的所有时间都留给学习,几乎没有任何时间可以用来娱乐和休闲。

对于妈妈的安排，小初虽然有些不情愿，但也无法反抗，只得闷闷不乐地展开了疲于奔命的"魔鬼生活"。可尽管小初非常努力，在长时间、高强度的学习压力下，也颇有些吃不消，尤其是每天上课的时候，不管再怎么强打精神，也忍不住呵欠连天，根本无法专心听老师讲课。

就这样，林女士的"完美计划"执行了一段时间后，小初的学习成绩不仅没有得到提升，反而还出现了明显的下滑，在这种身心疲惫的折磨下，小初甚至还大病了一场，让林女士感到万分懊悔。

很显然，林女士在制订这个学习计划表的时候，并没有认真考虑过小初的实际情况，只是想当然地把她认为可以提升学习成绩的事情一股脑儿地塞进了小初的时间安排里，完全没有考虑过小初是否能够承受这样的计划。

所谓做计划，并不是像林女士这样，简单地把时间进行划分，然后再把要做的事情塞进去。一份科学合理的计划，是要从计划执行者的实际情况出发来制订的，不考虑计划执行者的实际情况就制订出来的计划，只是制订计划者"想当然"的主观臆断，这样的计划必定是脱离实际，不具有任何可行性的。

## 协助孩子制订一个切实可行的学习计划

要协助孩子制订一个切实可行的学习计划，父母必须从孩子的实际情况出发，考虑到孩子对高强度学习的承受能力。更重要的是，无论什么计划的制订，都必须做到劳逸结合、张弛有度。只有这样，才能保证孩子有足够的精力来进行高效率的学习。

此外，一份好的学习计划，必然是具备科学化和效率化特征的。举例来说，大脑的活跃时间通常是遵循一定规律的，有的人大脑在清晨7点到10点之间会比较活跃；有的人大脑在晚上8点到11点之间会比较活跃；还有的人大脑在清晨七八点、下午五六点以及晚上八九点这三个时间段都会比较活跃。因此，我们在给孩子制订计划的时候，就要根据孩子大脑的活跃规律来进行任务安排，只有这样，才能达成效率的最大化。

总而言之，学习计划的制订应该以孩子为中心来展开，父母不能想当然地给孩子定计划。要记住，世界上不存在完美无缺的计划，只有最适合计划执行者的计划，才是最好的计划。

## 这样做，
## 孩子能比同学学得更多

同一个班级，有的成绩好，有的成绩差。明明是同样的老师，学习的也是同样的知识，为什么会产生这样大的差距呢？是不同孩子之间存在智商差异？还是他们在学习方面努力程度不同？其实，说到底，真正的决定性因素，是孩子对时间的管理和安排不同。

善于管理和安排时间的孩子，效率比不善于管理和安排时间的孩子高得多。有的孩子，头脑其实非常聪明，但因为不善于管理自己的时间，所以总把时间浪费在一些无关紧要的事情上，把自己搞得身心俱疲，成绩也一塌糊涂。

其实，除了极少数真正的天才之外，普通人之间的智商差异并没有我们想象的那么大。如果一个孩子付出了极大努力，却依然无法把成绩提升上去，未必是因为这个孩子的头脑不够聪明，也有可能是他没有找到适合自己的学习方法，并且没能做好自己的时间管理，以至于大大降低了学习的效率。

## 关于学习的时间管理问题

**烦恼小档案**

姓名：　　徐娜娜

身份：　　初中生

困扰：　　遇到难题会死磕，不注意学习时间管理

结果：　　学霸姐姐帮我做了一个科学合理的学习计划

徐娜娜是个学习非常刻苦的女孩，上课认真听讲，课后认真完成作业，功课的复习和预习也从来没有落下过。但即便如此，她在学校的成绩也只能排到中游水平。每每看到身边那些"随便学学"就能取得高分的学霸，徐娜娜心中就满是挫败。难道自己天生就比别人笨，所以哪怕努力到连玩乐的时间都没有，也无法赶上学霸们？

一次，徐娜娜跟随父母到一个亲戚家拜访，亲戚的女儿刚刚大学毕业，也是个非常厉害的学霸。在聊天中，徐娜娜把自己的烦恼告诉了这位学霸姐姐，学霸姐姐得知徐娜娜的情况之后，便耐心地和她进行了一番长谈。

在了解了徐娜娜的基本学习状况之后，学霸姐姐发现，徐娜娜之所以总把自己弄得那么累，在提升成绩上却又没有什么效果，归根结底还是时间管理和安排方面出了问题。比如在做作业的时候，徐娜娜从来没有什么计划，都是随便从书包里抽出哪本就做哪本。有时候遇到解不开的难题，徐娜娜就拖着时间和它"硬扛"。除此之外，还有许多的学习安排，徐娜娜也是毫无计划的。正因如此，徐娜娜在学习

方面，总是在不知不觉中就浪费掉了很多时间。

找到问题的症结之后，学霸姐姐给了徐娜娜许多建议，比如在完成作业的时候，养成分门别类的习惯，按照作业的重要程度来整理排序，然后再按照顺序去一项项完成；遇到解不开的难题时，不浪费时间死磕，而是先放到一边，把其他任务完成之后，回过头再来解决；复习、预习功课时同样也是如此，按照科目的重要程度进行排序，先把最重要的事情完成。

之后，学霸姐姐指导徐娜娜给自己制订了一份科学合理的学习计划，以帮助她更好地管理和分配自己的时间。

很多时候，孩子成绩不理想，其实并不是因为他们的头脑不够聪明，或者他们在学习上不够努力。所以，孩子成绩不好的时候，父母不要只想着去训斥他们，而是应该帮助他们，把造成成绩不理想的根源找出来。只有从根本上解决了问题，孩子的成绩才能有实质上的提升。

为了帮助孩子更好地管理和安排时间，提高学习效率，父母不妨和孩子一起，根据实际情况制订一份学习计划。此外，在孩子执行计划的同时，父母也要扮演好监督者的角色，在孩子"掉链子"的时候及时站出来督促和提醒。

总而言之，无论是父母还是孩子都应该明白，学习是一个技术活，找不对方法，单纯依靠努力是行不通的。如果想要在学习方面有所建树，我们就得学会有效地管理和安排时间，把每一分钟都充分利用起来，实现高效学习。只有这样，努力才会得到回报。

# 让孩子自己发现问题，自己解决问题

以前，很多父母觉得，孩子一切都应该听父母的，家里的事情，父母说了算。

即便是现在，很多父母依然会觉得，孩子的事情由父母来决定是天经地义的事情。毕竟父母思想比孩子成熟，经验比孩子丰富，无论什么事情，父母的判断必定比孩子的判断更准确，而父母为孩子做出的一切决定，必然也都是经过深思熟虑之后最好的选择。所以，孩子听从父母的安排没有什么不对。

确实，因为人生阅历的不足，即使再聪明的孩子，在面对问题时，很多想法会比较天真，考虑问题也不会那么周全，但如果仅仅因为这样，父母就剥夺了孩子的发言权，直接越过孩子去帮他们安排好所有事情，解决完所有问题，那孩子很可能就会形成习惯，把所有事情都丢给父母去解决，自己万事不管。长此以往，孩子必然会失去一项最宝贵的东西——独立思考的能力。

## 要试着让孩子养成自己做决定的习惯

**烦恼小档案**

姓名：　　琪琪

身份：　　小学生

困扰：　　妈妈总是急于给出答案，替我做决定

结果：　　时间长了，我都不爱思考了，凡事由妈妈做决定

　　琪琪是个性格温暾的女孩，不管做什么事情，好像总比别人慢半拍。琪琪的妈妈做事却风风火火，不管干什么都雷厉风行。

　　一开始的时候，在某些问题上，妈妈也会询问琪琪的意见。比如今天想穿什么，早餐想吃什么，出去想做什么。但每次，琪琪还没想好呢，妈妈就有些没耐性了，干脆直接帮琪琪做了决定。

　　就连辅导琪琪做作业的时候也是这样。在做作业的时候，每次琪琪遇到一些需要思考的难题，久久得不出答案，妈妈就在旁边着急得很，常常还不等琪琪求助，就忍不住直接上手去给琪琪讲解这个题目到底应该怎么做。

　　久而久之，琪琪就再也不去思考了，在她看来，反正每次最后做决定的人都是妈妈，既然如此，那自己还有什么可想的呢？于是，不管再遇到什么问题，琪琪的回答都变成了诸如"妈妈你说呢""我听妈妈的""妈妈你决定就好"。就连做作业的时候，只要遇到稍微难一点儿的题目，琪琪就会习惯性地向妈妈求助，让妈妈帮忙解答。

好在琪琪妈妈及时发现了自己和女儿存在的问题，并纠正过来，如果任其发展，可想而知，琪琪的将来恐怕是不容乐观的。

孩子总有一天会离开父母，独自踏上自己的旅程，创造自己的人生，而这一切，都是需要独立思考的。如果孩子不能学会独立思考，独立做决定，那么又何谈创造自己的人生呢？

## 我们不要"妈宝娃"

在我们周围，其实存在不少缺乏独立思考能力的人，明明已经是成年人了，但不管遇到什么问题，都要先回家"问妈妈"之后才能做出决定。不管谈论什么事情，表达什么观点，也常常会把"我妈说"三个字挂在嘴上。这样的人，通常都有一个共同的称呼，那就是"妈宝"。

一个什么事情都要问妈妈，自己不能独立思考、不能独立做出决定的人，无论做什么事情都是无法成功的。因为这样的人不具备自己的思想，甚至表达的也不是自己的观点。更重要的是，在我们的人生中，很多宝贵的机会或选择都是转瞬即逝的，它们不会等着你回去问妈妈的意见。

父母应该从小就有意识地培养孩子独立思考的能力，而不是直接越俎代庖地帮孩子做出决定。即使孩子的想法很幼稚，不具备任何参考价值，父母也应该鼓励他们勇敢地表达出自己的想法与观点，鼓励他们勤于思考。

要知道，任何人都不是一出生就什么都懂的，孩子与成年人之间，相差最多的不是智商，而是阅历。而阅历是需要我们在人生的道路上一点点累积的东西，如果从一开始，父母就不给孩子累积的机会，那么他们又如何才能进步呢？

每个孩子最初其实都是具备一定独立思考能力的，就算是性子慢吞吞的琪琪也是这样，每次遇到问题或面临选择的时候，他们迟迟给不出答案，不是因为他们不懂得思考，而是因为他们在思考中出现了许多想法，需要一些时间来做出取舍。这种时候，父母应该做的，是给孩子一些时间，让孩子能捋清楚自己的想法，从而自己得出答案。

如果孩子实在无法做出抉择，主动向父母求助，那么父母最好也不要直接给出答案，而是用引导的方式，让孩子学会多角度、多方面地去思考。在这个过程中，真正重要的，其实并不是孩子的答案或选择，而是培养孩子独立思考的习惯与能力，这会让孩子受益一生。

# 多陪孩子读书，孩子理解能力就会很突出

很多学校在给孩子安排放假期间的学习任务时，除了预习、复习和课后的作业之外，通常还会有课外阅读这一项。学校通常会给学生列出一张书单，要求学生从书单上选择若干本课外书进行阅读。

然而，对于课外阅读这项任务，很多人其实不怎么重视，有很大一部分学生甚至直接把它排除在外，根本不打算执行。就连父母，在监督孩子完成学习任务的时候，通常也不会太在意这一点，只把它当成一项可有可无的任务。孩子愿意做那当然最好，孩子实在不愿意做，好像也没有什么影响，反正考试也不会考到这些内容。

课外阅读就真的这么"鸡肋"吗？它对于孩子学习成绩的提高，真的没有任何帮助吗？

答案当然是否定的。

## 读万卷书的重要性

单从学习成绩的提高来说,虽然在考试的时候,课外书上的内容确实一般不会出现在考卷上,但我们都知道,语文科目的考试,分数比重占据最多的是作文。而作文要想写得好,通常要从两个方面下手:一是"行万里路";二是"读万卷书"。

简单来说就是,要么你得有足够多的生活体验和阅历,有了这些,你写作文才能有充分的素材和充沛的情感,这样,写出来的作文,才能具备真情实感;要么你就得有足够多的阅读积累,这能帮助你练就更好的表达技巧,提炼更深刻的中心思想。

"行万里路"对孩子来说是比较困难的,现在的孩子课业都比较繁重,谁能有很多时间去体验生活,积累生活经验呢?但"读万卷书"就不同了,这是每一个孩子都有条件去完成的事情。

除了学习成绩的提高之外,课外阅读对孩子的成长也是大有裨益的。正所谓"腹有诗书气自华",读书可以帮助人提升个人气质,因为你通过阅读所积累下来

**烦恼小档案**

姓名: 小磊

身份: 初中生

困扰: 性格比较浮躁,谈吐不够温文尔雅

结果: 多读了一些书后,性格比之前沉稳了很多

的知识，或许未必会有用得上的机会，但这些知识会渗透到你的谈吐之中，体现为你的内涵，让你在言谈举止中不自觉地流露出一股书香气息。

王女士去开家长会的时候，注意到了儿子小磊的一个同学，那是一个看上去很容易让人心生好感的孩子，无论待人接物还是举止谈吐都比同龄人成熟得多。

据小磊说，王女士注意到的那个孩子是他们班的学习委员付清，他不仅是个学霸，还是校篮球队的队长，为人也十分谦和，深受老师和同学的喜爱。

付清的妈妈张女士是个非常文雅的女人，气质特别好。开完家长会后，不少家长都有意无意地开始和张女士亲近，王女士也不例外，她很想知道张女士到底有什么秘诀，才能教出像付清那样讨人喜欢的孩子。

张女士倒也不藏私，大大方方地和其他家长探讨起孩子的教育问题来。张女士表示，她教育孩子的秘诀，简单地说其实只有一条，那就是多陪孩子看书。

张女士说，她自己就是个非常喜欢阅读的人，所以在付清连话还不会说的时

候，她就经常读书给他听。等付清年龄大一些以后，她就开始给他买绘本，教他认字。就这样，在张女士的影响下，付清也养成了看书的习惯，他们母子俩还常常交流阅读心得呢。

之后，张女士还推荐了一些非常有趣，适合孩子阅读的书给王女士，王女士当天就去书店把这些书都给买了，回家就勒令儿子小磊开始读书。

一开始，小磊是有些不情不愿的，毕竟正是调皮捣蛋、精力充沛的年纪，哪个男孩子不喜欢到处疯跑，哪能静下心来看书啊？但被强压着翻了几页之后，小磊意外地发现，这几本书并不像他想象中那样全是文字、乏味无趣，情节竟意外地有趣，十分吸引人，在不知不觉中，小磊就沉浸在了其中。

一段时间后，虽然小磊并没有立刻就像王女士期待的那样，成为一个举手投足间都颇具书香气息的孩子，但他身上的一些变化已经让王女士万分欣喜了。比如王女士发现，自从开始喜欢上阅读之后，原本调皮捣蛋的小磊比从前明显沉稳了一些，更重要的是，在聊天时，居然还学会了使用成语，偶尔还能引经据典，显得特别有文化。

## 培养孩子要注重物质，更要注重精神

很多父母在物质方面对孩子是从不吝啬的，恨不得把全世界最好的东西都捧到孩子面前，但在精神方面就非常容易疏忽了。比如现在大多数的父母，可能没有陪孩子一起阅读的习惯。

会出现这方面的疏忽其实也可以理解，一方面，在许多父母看来，课外阅读这件事对孩子学习成绩的提升似乎并没有什么直接的好处，况且孩子学业已经这么繁忙了，有机会休息，当然应该让他们尽情去玩乐，而阅读这件事大概很难与玩乐挂钩；另一方面，现代人生活节奏比较快，父母的工作压力也都比较大，但凡有闲暇的时间，都恨不得睡个天昏地暗，哪有多少心思搞什么阅读？

但实际上，对于孩子的成长来说，阅读所能带来的好处，其实是远远超过我们预期的。阅读可以帮助孩子增强对语言的掌握，阅读可以帮助孩子更好地塑造人生观和价值观，阅读还能让孩子更多、更深入地认识和了解这个世界。如果父母能够加入其中，陪伴孩子一起阅读，那么必然能够促进亲子之间的沟通与交流，有助于父母更深入地了解孩子的精神世界。

所以，不要以为课外阅读只是一项没什么存在感的"作业"，试着陪伴你的孩子一起读书吧，一旦养成良好的阅读习惯，孩子必将受益一生。

# 第 7 章

# 给自由设立界线，
# 引导孩子自己建立有教养的行为规范

孩子的成长速度，远远比父母想象的快。想要让孩子更好地发展，父母就要学会用更加平等的态度去面对孩子，给予孩子尊重。当然，也不能太放纵孩子，因为孩子毕竟还是孩子，无论思想还是观念都还不够成熟。因此，他们的行为还需要父母进行规劝和约束。

> 不要把饭扒拉得到处都是，也不要吧唧嘴。

## 不要对孩子说，"你必须这样做！"

作为父母，教育和管束孩子是我们的职责。但不管是教育还是管束，最终目的都是引导孩子更好地了解并融入这个世界，让他们成为更优秀的人。

现在很多父母能承担起教育和管束孩子的工作，却总是容易把教育与管束的最终目的忽略掉。他们总是强硬地给孩子制定这样那样的规矩，却从来不去告诉孩子，为什么要制定这些规矩。有时孩子产生了疑问，他们也不会去解释，只以命令似的口吻告诉孩子："反正你们不可以这样，必须那样！我是家长，你们就得听我的！"

殊不知，这种命令式的口吻会让孩子产生心理压力，却无法让他们从思维上做出调整。也就是说，如果父母只懂得用强硬的方式命令孩子做这个做那个，却不告诉他们为什么要做这个做那个，那么最终的结果就是，孩子或许会惧于父母的权威而乖乖听话，但他们的心理和思维却得不到相应的成长，他们对这个世界的探索与了解也不会变得更深入，这样的结果显然与我们的教育初衷是相悖的。

更重要的是，对孩子而言，父母的命令式教育就像绑在他们身体上的藤蔓，只会让他们觉得被束缚，被掌控。于是，他们想要获得自由，而获得自由的方法就是挣开藤蔓。

## 可以把命令的口气改成商量的语气

经调查统计，常使用命令式口吻教育孩子的家长，孩子出现叛逆的概率会更高。当父母直接发出命令："不准胡乱按电梯按钮！""不许在游乐场里乱跑！""不可以将食物吃一半剩一半！"……孩子接收到的不是只有"不许"两个字，孩子心里同时会想："为什么不许？""如果我做了会怎么样？"于是，很多孩子便会用与父母对着干、无视命令、再犯等反叛方式来从父母这儿获得自由。

这个时候，如果父母继续用强硬的方式去应对孩子的这些叛逆行为，那么只会更加激发孩子的叛逆情绪，最终走向两败俱伤的结局。

其实，此时孩子最需要的，不是父母命令式的压制，也不是那些冠冕堂皇的大道理，他们需要的是父母的理解。如果父母能够心平气和地劝导，那么孩子反而会愿意听从父母的意见。

孩子虽然年纪小，但并不是真的什么也不懂。当孩子淘气犯错时，父母如果能够心平气和地告诉他们，他们究竟错在了哪里，做错了什么，而不是一味地用一些"不准""不许"之类的否定词去下达命令，那么，他们必然会更愿意听父母的话，接纳父母的意见。

要知道，很多时候，孩子并不是故意去犯错的，而是他们根本不懂，自己做的事究竟错在哪里。

这种时候，父母如果不去引导，只一味地命令和责备，那么孩子只能从父母的话语中接收到否定的情绪，却根本无从得知，父母为什么会产生这种情绪，这样一来，孩子又怎么可能心悦诚服地改正自己的错误呢？

张萌萌是一位作家，她有个5岁的儿子，名叫豆豆。平日里都是公公婆婆帮忙一块带孩子，她基本上没操过什么心。

这天，公公婆婆有事回了老家，丈夫又临时被委派去出差，只有张萌萌一个人在家带豆豆。起初，她也没把这当一回事，不就是带孩子吗，有什么难的呢？但很快，她就不这么想了。

早在几天前，张萌萌就已经和出版社的编辑约好，今天到家里商谈小说出版的事宜。早上，编辑准时到了张萌萌家，两人刚准备开始商谈出版的细节，就听到房间里传来一阵"咚咚咚"的声音，张萌萌赶紧起身去查看，原来是豆豆起床了，因为没看见妈妈，所以正不高兴地敲桌子呢。张萌萌赶紧帮豆豆穿好衣服，将他带去客厅，安排他吃早饭。

做完这些，张萌萌终于可以坐下来和编辑继续谈话了，可还没说一会儿，豆豆就离开餐桌，不停地在屋子里乱窜，就像是故意要弄出点动静来一样，他一刻也没有停止过玩闹，后来干脆从玩具堆里找出一个小鼓，对着小鼓就是一顿猛拍。

"砰砰砰"的鼓声打断了张萌萌与编辑的谈话，张萌萌有些生气，冲着豆豆严肃地命令道："不准再拍小鼓！"

正在兴头上的豆豆被妈妈的喊声吓了一跳，回头看见妈妈板着脸的样子，就默默放下手中的小鼓，跑到垫子上安静地玩起了自己的变形金刚。

但是，孩子的记忆力总是那么短暂，没一会儿，豆豆就忘记了妈妈的呵斥，又从玩具堆里找到一个小皮球在地上拍了起来。皮球与地板相碰撞，发出巨大的"砰砰"声。

这次豆豆发出的声音比上次还要大，张萌萌与编辑的谈话又被打断了。张萌萌皱着眉头，再次命令豆豆："豆豆，不许在家里拍皮球！"

豆豆先是一愣，呆呆地看了一眼妈妈，然后才有些犹豫地放下手里的皮球，耷拉着脑袋，慢慢挪到角落里，看起来像受了很大委屈的样子。

但是，孩子嘛，没一会儿他就又忘了。他蹲了一会儿，看到架子上的小飞机，便忘了不开心，走过去把小飞机拿在手里，一边举着小飞机在屋子里跑来跑去，一边嘴里还配着"呜呜呜"的声音，想象小飞机在天空飞翔的样子。

> 你还不安静一会儿？

这一下，张萌萌更生气了，把手里的稿子一扔，就要起身去教训豆豆。

这时，编辑却阻止了张萌萌，并对她说道："您这样命令孩子这不许，那不许，是错误的教育方式。我觉得您以后不要用这种句子了。当孩子出现错误时，您最好能告诉孩子错误的原因，然后心平气和地进行劝导。命令式的句子只能让孩子感觉到情绪受挫，却不能让他们明白您真正想要传达的信息。"

张萌萌脸上露出不解的表情，只见编辑转身对愣在一旁的豆豆说："豆豆呀，阿姨和妈妈有很重要的事情要谈，本来我们是可以很快谈完，然后陪你一起玩的，但是，豆豆，你的游戏声音干扰到了我们。所以，豆豆呀，可不可以为了让我们能快点陪你玩，安安静静地坐在小垫子上看一会儿书呀？"

豆豆眨了眨眼睛，说："好。"

然后，他放下手里的小飞机，跑到垫子上看书去了。一直到张萌萌她们谈完，他都没再发出一点儿声响。

张萌萌结束工作后，与编辑一起带着豆豆玩了一会儿，豆豆高兴极了。看着豆豆的笑，她也终于明白，教导孩子不能一味地去命令，平心静气地去劝导所取得的效果往往会更好。

孩子其实并没有我们想象的那么不懂事，很多时候，他们之所以"不懂事"，只是因为父母没有把"事"告诉他们，只一味地以居高临下的姿态去命令和训斥，在这样的状况下，孩子又怎么可能"懂事"呢？所以，当孩子出现问题时，父母首先要端正自己的态度，心平气和地把利害关系告诉孩子，清晰地向孩子提出自己的诉求，这样，孩子才会明白，父母为什么要求他们做这些事，或者不能做那些事。知晓了缘由，孩子自然也就"懂事"了。

父母应该明白，命令式的教育方法或许是最简单粗暴的，但也是最难以起到实质性作用的。命令式的教育与"棍棒"教育一样，并不会帮助我们教育出优秀的孩子。

## 与其苦口婆心讲道理，不如听听孩子的想法

批评、惩罚已经不适合现代教育了，于是，很多父母便采用"会话"教育，无论遇到什么事情，一定要给孩子讲讲道理，而且通常都是长篇大论，没完没了，总感觉自己的苦口婆心孩子一定会听到心里去。然而实际上，这样的"会话"教育只会使孩子不胜其烦，脑海中只留下一个唠叨的印象。

有个成语叫"有的放矢"，教育学上也有一种教育方法叫"不愤不启，不悱不发"。这其实就是告诉父母，教育孩子要有针对性，与其长篇大论地去讲自以为的大道理，倒不如先静下心来，好好听听孩子的想法，然后再有针对性地发表自己的意见。要知道，比起单方面的说教，孩子更愿意和父母进行平等的沟通。

记得周星驰的电影《大话西游》之中的唐僧吧？你是否也像他一样，自己念自己的经，从来不会想孩子有没有在听？我们与孩子"会话"，最终的目的是让孩子能听进我们的话，愿意采纳我们的意见。如果孩子不愿意听，那么我们说得再多，说得再有道理，都是没有意义的。所以，在与孩子沟通之前，最重要的，是先听听孩子的想法是什么。只有先了解了孩子的想法，我们才能有效地与孩子建立沟通，让孩子愿意听我们说话。

## 试着蹲下身来听一听孩子的想法

李娜在外企做得风生水起之时，突然怀了孕，于是便与当时的男友，也就是现在的老公结了婚，生下一个漂亮的女儿。两人商量之后，决定让李娜回归家庭照顾女儿，很快，李娜就完成了从职场精英到全职妈妈的转换。

现在，女儿小梦已经6岁了。别看小梦长得可爱，但性格却调皮捣蛋得很，闹腾起来就没个停歇的时候。

照顾孩子本就不是件容易的事，照顾调皮捣蛋的小梦，那就更是个挑战了，每天光是说教就让李娜感到心力交瘁。几乎每天，邻居们都能听到李娜气急败坏的说教声：

"小梦，妈妈有没有告诉你，讲礼貌的小朋友是不说脏话的？"

"妈妈和你说了很多次，不要碰插座，插座是有电的，你被电到怎么办！"

"马路中心是可以玩的地方吗？马路上都是车，被撞到了怎么办？"

……

在教育孩子方面，李娜并不推崇"棍棒"教育，她认为，无论是训斥还是惩罚，对孩子来说都可能会造成伤害。当孩子犯错的时候，父母应该做的，是给他们讲道理，让他们明白，自己究竟错在哪里。所以，一直以来，无论小梦多么调皮，李娜都没有训斥或惩罚过她，而是采取说教的方式，苦口婆心地给小梦讲道理，有时候甚至引经据典，长篇大论。每当这种时候，小梦要么是在一边呆呆地听，要么是自顾自地玩，显然从来没把妈妈的话放到心上。

每天，李娜都像在打仗一样，直到将小梦哄睡着了，战争才算是结束。

这天，李娜像往常一样，疲惫不堪地倒在沙发上，丈夫看着李娜的模样，既心疼又觉得好笑，不禁打趣道："带小孩真有那么累吗？"

李娜有气无力地回答:"是呀!小梦实在太皮了,我每次和她讲道理,她都不听。我都不知道要怎么和她沟通了,你说累不累?"

丈夫听了这话却笑道:"你呀,都是自找的。小梦比起一般小孩是顽皮一些,但她的思想相对比别的孩子也要成熟一些,你总在一旁说,却从来没有听过小梦为什么那样做,不如你换一种教育方式,不要总是对小梦讲道理。"

"啊?你是不了解你女儿吗?我这天天说着她还总闯祸呢,不对她说道理,那她还不闹翻天?"李娜白了丈夫一眼。

丈夫笑了笑,说道:"不是不让你讲道理,而是在讲道理之前,你总要先听听她的想法吧?"

李娜没有说话,她陷入了思考。丈夫想了想,又对李娜说道:"这样吧,我周末和你一起照顾孩子,然后试一下我的方法,看看效果如何。"

周末,在丈夫的安排下,他们一家三口去了郊外踏青。

这天,小梦玩得很开心,像出笼的小鸟一样,完全忘形了。突然,李娜注意到小梦随手把零食袋子扔到了地上,李娜刚要开口教育,就被丈夫制止了。丈夫率先开口问女儿:"小梦,你把什么丢在地上了?"

小梦低头看了看,回答说:"是零食袋子,我已经吃完了。"

爸爸点点头,又问:"那这零食袋子属不属于垃圾?"

小梦天真地点点头,爸爸继续问:"既然是垃圾,那它应该扔到哪里呢?"

"垃圾桶。"小梦回答说。

爸爸笑了,点点头,继续问:"你知道为什么垃圾应该扔到垃圾桶里吗?"

小梦歪着脑袋想了想,回答说:"因为乱扔垃圾会影响环境卫生,还会加重环卫工人的工作负担,所以我们要把垃圾扔到垃圾桶里。"

说完后,小梦主动弯腰捡起零食袋子,把它丢到了不远处的垃圾桶内。

从那次以后,小梦再也没有随手丢过垃圾,有时看到爸爸妈妈不小心把垃圾弄到地上,她还会主动提醒:"爸爸妈妈,不要乱扔垃圾哦。"

很多时候,父母长篇大论地说教,对于孩子来说,其实是一种负担,时间长了,还可能让孩子形成一种"道理免疫效应",只要一听到父母开始讲道理,就自动屏蔽父母的唠叨。而且,这种说教还容易陷入死循环——孩子不愿听,父母不停说,结果,父母说得越多,孩子就越不耐烦,甚至产生逆反心理,偏要跟父母对着干。

法国著名思想家、教育家卢梭说过,世界上有三种对孩子不但无益反而有害的教育方法,讲道理就是其中之一。在孩子初入学时,不难发现,很多孩子其实就已经是说教式教育的"受害者"了,他们听惯了父母的说教,以至于老师的简单提醒已经无法让他们"听到",他们的注意力和执行力等也存在问题。

所以,别再用无效的说教去荼毒孩子的注意力了,在你开始自己的长篇大论之前,不妨先给孩子一个张嘴的机会,也给孩子一个深思的机会,让他们有机会说一说自己的想法,也有时间通过思考去自己找出有用的道理。

# 引导孩子自己认知错误，改正错误

孩子的成长过程实际上就是一个犯错—纠错的过程，犯了错，挨批评是很常见的现象。但是，并非每一次的批评对孩子来说都是有用的。有的孩子在受到批评之后，会主动反思自己的错误行为，继而进行改正；有的孩子则可能不仅从不反思自己，甚至会我行我素，继续犯下相同的错误。

不管我们面对的是哪一种类型的孩子，作为父母，引导孩子认识错误，并改正错误，都是非常重要的。因为无论我们用什么样的方法去教育孩子，其目的都是希望孩子能够变得更好，成为更优秀的人。哪怕是脾气最暴躁的父母，管教孩子的目的也是希望孩子能够真正"变好"。

也就是说，当孩子犯错时，如果我们的教育方式无法让他们真正反思自己的错误，那么这种教育方式就是无效的，毫无意义的，尤其是那些"暴力手段"，除了给孩子带来伤害之外，不会有任何好处。

## 引导孩子进行自我批评

**烦恼小档案**

姓名： 萌萌

身份： 小学生

困扰： 妈妈想让我练好书法，但我总心不在焉

结果： 父母辛苦工作都是为了我，我知道错了

萌萌是一个活泼可爱的小姑娘，今年读小学三年级，学习还算可以，但她那一手"破"字却实在令妈妈头疼。人们常说，字如其人，可萌萌明明是一个漂漂亮亮的小姑娘，那手字却惨不忍睹。

萌萌妈妈为了她这个问题可真是发了愁，上了心。在萌萌开学之初，她就特地去找老师，希望能给萌萌安排一个字写得特别好看的同学做同桌，以达到带动萌萌练好字的目的。

开学后，老师果真给萌萌安排了一个钢笔字写得特别好看，并且还获过书法奖的同桌，萌萌看到同桌的字后果然羡慕极了，一下就对练钢笔字产生了兴趣，还主动央求妈妈帮她报名书法班。不过，萌萌也就3分钟的热度，一开始，她还每天都会抽出一定的时间临摹字帖，平时写字也开始注重干净整洁。但没过几天，她就原形毕露，又恢复到以前写字散漫的模样了。后来，萌萌干脆连书法班都不愿意去上了。

萌萌妈妈发愁极了，又找到老师，无奈地叹气道："萌萌这孩子，做事三天打

爸爸妈妈真的很辛苦。

鱼两天晒网，就为练字这事，我批评过她很多次，说了很多道理，可她就是听不进去，我都不知道该怎么办了！"

听到这话，老师笑着说："萌萌妈妈，你这批评教育各种手段都使了，可是她依旧我行我素，我想，她一定是没将你的话听进心里，也没有正视好好练字这件事。"

萌萌妈妈更着急了，问道："那该怎么办呢？难道就这么随她去呀？"

老师答道："当然不是。做错了事，当然要批评。不过，不是我们去批评她，而是让她自我批评。"

随后，老师把萌萌叫到办公室，问道："萌萌，老师想了解一下，你爸爸妈妈是做什么工作的？"

萌萌笑着说："他们在一家工厂上班。"

老师接着问："哦，那辛苦不辛苦？"

萌萌歪着头想了想，说："辛苦，因为爸爸妈妈经常工作到半夜两三点，有时候周末也要去单位，而且他们还要照顾我，做家务……"

"那爸爸妈妈为什么要这么辛苦呢？"老师又问。

"是想要给我好的生活。"萌萌认真地回答。

"是的。萌萌，你看，你的妈妈送你去上好几百块钱一堂课的书法兴趣班，帮你买那么多的字帖，就是希望能帮你把字练好，因为一手漂亮的字对你以后的人生是有很多帮助的。爸爸妈妈为你创造的条件，都是他们用辛苦的劳动换来的，你认为你的做法对得起爸爸妈妈的辛苦吗？"

听了老师的话，萌萌羞愧地低下了头，说道："我错了，我不该偷懒不去上书法班，也不该胡乱地临摹字帖，更不该不用心写字。"

之后，萌萌果然一改常态，积极地去上书法班，临摹字帖时也比从前认真多了。一段时间后，萌萌的字有了很大进步，而她也真的喜欢上了练字。

孩子其实是很懂事的，但父母却总是低估他们的能力，以为很多事情他们都不懂，所以也就没想过去平等地和他们交流、沟通。其实，在很多事情上，父母只需要把自己的想法认真告诉孩子，孩子也不是不能理解的，这远比批评、惩戒、强制等手段要有用。

很多时候，孩子之所以在犯错之后不懂得反省，并不是因为他们本质上是"坏"的，"不好"的，而是因为他们还没有意识到自己所犯错误的严重性。这种时候，父母的批评与惩戒，不仅不能达到让孩子学会反省的目的，反而可能激发孩子的逆反心理，让他们选择和父母对着干。

所以，在孩子犯错的时候，父母先不要急着发火，不妨先坐下来与孩子好好谈一谈，听听他们说什么，然后再找到正确的方法去引导，让他们明白自己的错误究竟是什么。当孩子学会自我批评时，他们才会认真地进行自我反思，自我纠正。

## 对于孩子的管教，
## 必须因人而异

最好的教育就是因材施教，因为每个孩子都有自己的特点，自己的个性，所以对于孩子的管教也应该各有不同。但在日常生活中，很多父母却忽略了这一点，常常会去找一些专家推荐的教育方式来套用在孩子身上。

有的孩子"从善如流"，他们的情商往往会比较高。当父母用强制性的方法管教他们时，他们往往会把这些条条框框看作一种挑战来应对，因此，也不会觉得特别辛苦。但有的孩子，性格比较幼稚，也比较敏感，如果父母同样用比较强硬的手段管教他们，就可能会激起他们的叛逆情绪，甚至给他们造成严重的心理压力。由此可见因材施教的重要性。

因材施教这一伟大的教育思想是著名的教育家孔子提出来的。

## 不同的孩子用不同的教育方式

一天,孔子讲完课,回到自己的书房,学生公西华赶紧给他端上一杯水。孔子刚刚坐下,子路就匆匆走了进来,大声对孔子说道:"先生,如果我听到一种正确的主张,可以立刻去做吗?"孔子看了子路一眼,慢条斯理地说:"总要问一下父亲和兄长吧,怎么能听到就去做呢?"子路点点头走了。

这时,另一个学生冉有慢慢走到孔子面前,恭敬地问道:"先生,我要是听到正确的主张,应该立刻去做吗?"孔子看了看冉有,点点头说:"对,应该立刻执行。"听完这话,冉有点点头恭敬地退出去了。

站在一旁的公西华觉得很奇怪,好奇地问孔子说:"先生,他们两个人问的明明是同样的问题,但为什么您给出的答案却不同呢?"

孔子笑了笑回答道:"子路逞强好胜,办事不周全,所以,我就劝他遇事多听取别人的意见,三思而后行。而冉有则性格谦逊,办事多犹豫不决,所以,我鼓励他临事果断。"

瞧,这就是圣人的教育方式,不拘泥于俗套,也从来不会固守教条主义,因为他很清楚,世界上没有任何一种教育方式是万无一失的,面对不同性格的人,只有用适合他们的教育方式去加以教育和引导,才能达成最好的效果。

对孩子的教育也是如此,每个孩子的个性都不相同,哪怕是同一个年龄段,生活在同一个家庭中的孩子,性格差异也可能非常大,甚至双胞胎之间,往往也会存在许多不同。因此,我们不可能找到一种教育方式,是适合所有人的。

所谓因材施教,就是告诉我们,对待不同的情况应该做出不同的处理,比如对于性格内向的孩子,我们可以鼓励他多出去玩;而对于性格外向的孩子,则可以注意重点培养孩子的专注力。

　　戴女士结婚后一直没有孩子，直到40岁时才惊喜怀孕，生下一对龙凤胎，全家人都喜出望外，对照顾孩子这件事格外上心。

　　在一家人的呵护下，两个小家伙长大了。虽然两个小娃娃长相相似，但性格迥异，在照顾两个孩子的时候，家人也渐渐发现了兄妹俩的不同。因此，虽然生活在同一个屋檐下，但家人在对待他们的时候，有一些方式却是全然不同的。

　　以吃饭为例，在吃饭的时候，哥哥是个急性子，每次吃饭都狼吞虎咽，不管吃什么饭菜，都如急行军一般。像他这样急躁，是很容易吃出问题来的，对肠胃也容易造成负担。因此，每次吃饭的时候，家里人都会提醒他要"细嚼慢咽"，并定下规矩，让他每次吃饭的时间都不得少于10分钟。

　　妹妹则不同，她天生性格就慢吞吞，吃饭时更是跟个美食品鉴师一样，恨不得把每一种食材都细细品味一番。所以，每次吃饭，她都是最后一个离开饭桌的，有时甚至到大人都已经开始收拾桌子了，她也不想放下手中的碗筷。因此，每次吃饭

的时候,家人就会督促她加速吃,避免养成拖拖拉拉的坏习惯。

戴女士一家的做法是很好的,在教育孩子时,他们没有"一刀切",而是针对双胞胎的不同特点,采用了不同的方法和态度来进行管教,这就是我们一直在强调的因材施教。

在教育孩子时,教育专家的方法可以去参考,但是,父母也要有自己的判断,懂得根据自己孩子的不同性格,来对教育的方式进行调整。只有真正适合孩子,能被孩子所接受的教育方式,才是最好的教育。

规矩是死的,而人是活的。世界上没有任何一种规矩,是值得强行压制人的本性去遵守的。对于成长中的孩子而言,他们真正需要的,是在遵循自己天性的前提下,让自己变得更加优秀的引导和教育,而不是被不合适的规矩强行改变。

而且,孩子一直在不停地成长,即便是同一个孩子,在不同的年龄阶段,适合他的教育方法也应该有所不同。比如在童年时期,孩子是可爱无忧的,那么管教孩子的规矩就不能过于苛刻,也不能太过死板;到了少年时期,孩子开始寻求内外的平衡,与家长的关系也日渐疏离,这时候的管教则需要侧重于理解与尊重;进入叛逆期以后,孩子会变得比较敏感,管教时就要从树立规矩渐渐变为讲规矩,让孩子心服口服,否则不但难以教育好孩子,甚至可能适得其反。

每个孩子都有自己的闪光点,每个时期孩子也都在成长和改变,在教育孩子的过程中,父母一定要多与孩子沟通,根据孩子的特点和变化,不断调整和改变教育的方式,做到"因材施教,因时施教",这才是对孩子最好的教育。

## 如果冤枉了孩子，请放下架子道歉

你有没有向孩子道过歉？看到这个问题，很多父母大概会觉得很疑惑。正所谓"天下无不是的父母"，既然如此，父母怎么能向孩子道歉呢？更何况，如果父母向孩子低头道歉，那岂不是有损自己的权威？这样一来，父母以后还怎么管教孩子？

但是，如果因为你的过错，而冤枉了孩子，让孩子受了委屈呢？你会放下架子道歉吗？

事实上，这样的状况并不少见，人生一世，孰能无过？即便是父母，也会做错事，也可能因为自己的片面理解而冤枉孩子，让孩子受委屈。在日常生活中，有很多父母在面对这样的状况时，常常会出于本能，在自己与孩子之间画出一条清晰的界线，觉得为人父母，即便有错，也是不能在孩子面前认错的，好像只要一低头，就会失了权威，没了地位一般；至于孩子，本就应该听父母的话，遵从父母的意见，对或者错，其实都不重要。

## 大人做错事情，也要及时向孩子道歉

父母总以为，"死不低头"才能保住自己的权威。殊不知，在明明做错事，却连道歉的勇气都没有的那一刻，父母就已经失去了成为孩子榜样的资格和底气。

一位青年企业家在接受采访时，讲述了一件自己记忆十分深刻的事情。

那是他上小学四年级时的事情，那时候，他学习成绩并不是太好，唯一突出的就是语文成绩，尤其是作文写得不错，被老师夸奖过好几次。

有一次，语文老师把他的一篇作文送去参加县级的作文大赛，令人惊喜的是，他最终以全县第二名的好成绩获得了参加市级大赛的资格。

得知这个消息后，他兴奋极了，因为要准备新的参赛作文，语文老师还特意和其他老师打了招呼，免除了他周末的家庭作业，让他专心把作文写好。

当天放学回到家，他就一脸骄傲地把获奖证书摆在了爸爸妈妈面前，别提多高兴了。可没想到的是，看到获奖证书之后，爸爸妈妈却并没有想象中那么兴奋，反而一脸怀疑地看着他。妈妈更是直接说道："啊？县级的奖？学校的奖你都没有拿过，怎么会拿县级奖？"

其实，妈妈的怀疑和惊讶他也不是不能理解，毕竟按照自己一贯的表现，突然拿这样一个奖项，确实有些出人意料。但那时候，父母眼中的怀疑还是深深刺痛了他的心，他一言不发地闷头回了房间，连晚饭都没有出去吃。

说到这里，这位青年企业家感叹道："有时候，父母并不明白，他们无心的一句话，会对孩子造成多大的伤害。那时候，父母对我的怀疑几乎让我陷入了绝望之中，在我把自己关在房间里的时候，我一直在想，既然爸爸妈妈都觉得我不可能成为优秀的人，不可能做成优秀的事，那我还努力干什么呢？我不想再去参加比赛，甚至不想再努力去做任何事……"

值得庆幸的是，他的父母虽然因一时的偏见怀疑他，但他们并未轻易就给他"定罪"，而是在调查清楚真相之后，郑重地向他道了歉。

这位青年企业家说道："当我的父母在我面前低头认错的时候，我感到非常惊讶，我一直以为，作为父母的他们，即便冤枉了我，也不会向我认错。但他们却这么做了，那一刻，我心中的委屈和痛苦慢慢消散了，我并没有因为父母的认错而沾沾自喜，也没有把这作为一种'把柄'。事实上，那一刻大概是我觉得自己的心与父母最贴近，同时也最崇敬他们的时刻。"

说完这个故事，这位企业家还笑着调侃道："记得去年父亲节的时候，我的父亲还问了我一个问题，他问我，在我的记忆中，作为父亲的他最帅气的时候是什么时候。我当时告诉他，在我的记忆中，他最帅气的时候，就是在我面前低头，为自己做错的事情向我道歉的时候。因为我一直认为，敢于为自己做错的事情道歉，是一种非常有勇气的行为。"

很多时候，孩子其实比大人更明事理，因为他们的世界很简单，对就是对，错就是错。对了应该褒奖，错了就要道歉，这是非常简单明白的道理。但可惜，很多父母却无法领会这一点，他们总是想得很多，为了所谓的"权威"，所谓的"面子"，就连最基本的"规则"也无法遵守。但想一想，如果父母因为自己的"失误"而伤害了孩子，那低头认错又怕什么呢？难道孩子受到的伤害，还不值得让父母低一次头吗？当你为自己犯的错误给孩子低头认错时，其实就是你与孩子拉近距离的开始。

父母都想在孩子心中树立高大的形象，被孩子所崇拜，成为孩子坚实的依靠，但这并不意味着父母就不能犯错，不能低头。就像父母可以接纳和原谅孩子的错误一样，孩子同样是能够允许父母出现错误的，同时也是可以原谅父母的错误的。前提是，父母要敢于放下架子，为自己所犯的错误道歉。

孩子的真善美，远远超出我们的想象，父母的一个道歉，换来的一定是与孩子更加融洽的沟通，而不是形象的损坏。所以，如果你因为自己的错误而伤害了孩子，那么就勇敢地弯下腰去给他们道歉吧，坦然承认自己的错误，你依然还会是他们心中最了不起的英雄。

# "受过伤"的孩子，会韧劲十足

在《爱弥儿》一书中，卢梭这样写道：

当孩子跌倒的时候，磕到脑袋，划破手指，或者鼻子被碰出了血，膝盖被擦伤，我都不会过于大惊小怪、惊慌失措。相反，那时候，我一定会选择冷静地站在一旁，看着孩子自己从地上爬起来，至少是一段时间之后，我才会过去。

卢梭的做法在许多父母眼中或许有些"狠心"。想想看我们周围，那些看到孩子摔倒的父母，谁不是着急忙慌地跑上前去，紧张兮兮地四处查看？有时为了安慰号啕大哭的孩子，还会"幼稚"地指着孩子摔倒的地方一通骂。

父母对孩子的牵挂与担忧是一种本能，卢梭也不例外。那么，他又为什么非要抗拒自己的本能，以这样"冷淡"，甚至是"狠心"的方式去处理孩子摔倒这件事呢？

对此，卢梭其实已经给出了答案。他这样解释道："既然事情已经发生，伤害已经造成，那么孩子就只能学会去忍受。在这种时候，如果我表现得惊慌失措，那么就会给孩子一种错觉，以为这是一件非常可怕的事情，从而变得惊慌失措，甚至增强伤口的痛感。"

## 不要把孩子养在温室里

事实上,在我们受伤的时候,心理上的恐惧往往比身体上的疼痛要强烈得多。而父母此时的表现更是会直接影响到孩子的状态。如果父母惊慌失措,那么就会加重孩子的恐惧心理,让他们也感到惊慌失措;而如果父母表现得镇定自若,那么孩子的情绪自然就会比较平稳,并且认为这件事其实并没有那么严重,从而学会自己试着去面对和克服一切。

在孩子探索世界的过程中,父母就像是引导者,孩子会根据父母的引导,在探索世界的同时,一点点建立起自己的世界观和价值观。也就是说,在遇到困难或痛苦的时候,如果父母传达给孩子的情绪是大惊小怪、小题大做,那么孩子在自己的意识中,就会将眼前的事看作一种巨大的痛苦,以后再遇到类似的事情时,往往也会"大惊小怪"和"小题大做";相反,如果父母传递的情绪是云淡风轻,那么孩子同样也会下意识地将这件事视作一件小事,将来再遇到相同的情况时,也不会太过于"重视"。

可以想象,这样的结果就是,前者可能因为父母大惊小怪的呵护,而成为一个无法忍受一点点痛苦和委屈的人;而后者则会在一次次的"受伤"中学会坚强与勇敢,变得韧性十足。

这个道理其实是非常简单的,但在日常生活中,很多父母却从来不会去思考这一点,他们总是只盯着眼前的事情,却不曾为孩子的将来去考虑。因为舍不得孩子受伤,所以他们总是用爱为孩子建筑起高墙,把孩子小心翼翼地圈养起来,让他们成为高塔中的王子或公主。殊不知,这种过分精心地照看,往往正是孩子成长过程中最可怕的"毒药"。

## 可以刻意地训练一下孩子的坚强品质

小勇是个乖巧懂事的男孩子,虽然他的名字叫"小勇",但实际上却并不是非常勇敢,相反,和同龄的男孩子比起来,他要显得"娇气"得多。

因为早产的关系,幼时的小勇身体不怎么好,父母在照顾他时就难免有些娇惯,哪怕磕着碰着也要心疼半天。很多人都劝告过小勇的父母,养孩子不要这么娇惯,尤其是男孩子,就应该在摔摔打打中成长,但小勇的父母却从来没有放在心上。

到年纪上学之后,小勇的父母再不可能像从前那样,全方位地"守护"在小勇身边。于是,各种问题纷至沓来。

有一次,上体育课的时候,小勇和班上一个女同学玩丢沙包,因为躲避沙包而绊到一起,两人都摔倒在地上。结果,女孩子二话不说,爬起来拍拍裤腿,继续活蹦乱跳,小勇反而因为膝盖擦破一点点皮就号啕大哭。最后,老师只得打电话通知了小勇的父母。

刚接到电话,听到儿子受伤的时候,小勇的父母可真是急坏了,但没想到,匆匆赶到学校后,听到的会是这样一件事。看着儿子膝盖上贴着一个小小的创可贴,哭得满脸是泪,夫妻俩终于意识到,自己当初对儿子似乎真的有些娇惯过头了。

一个人坚韧与否,与性别没有绝对关系,很大程度上取决于后天的教育和训练。简单来说,一个"受过伤"的孩子,往往会比一个从来不曾"受过伤"的孩子更坚韧,更能承受痛苦。人的耐受力是一点点提高的,经历过的苦难越多,受过的伤越重,人就会变得越发坚韧,对痛苦与伤痛的承受能力也就会越发高。

婴儿蹒跚学步时,必然会经历无数次的摔倒。孩子在成长的道路上,也会经历

风霜,承受摔打,学会坚强。要知道,温室中的花朵,是永远没有机会成长为参天大树的。